Karl Hanebuth

**Über die hauptsächlichsten Jeanne d'Arc-Dichtungen**

des 15., 16. und beginnenden 17. Jahrhunderts

Karl Hanebuth

**Über die hauptsächlichsten Jeanne d'Arc-Dichtungen**
*des 15., 16. und beginnenden 17. Jahrhunderts*

ISBN/EAN: 9783743680128

Hergestellt in Europa, USA, Kanada, Australien, Japan

Cover: Foto ©ninafisch / pixelio.de

Weitere Bücher finden Sie auf **www.hansebooks.com**

Ueber die hauptsächlichsten

# Jeanne d'Arc-Dichtungen

des 15., 16. und beginnenden 17. Jahrhunderts.

## Inaugural-Dissertation

zur

## Erlangung der Doctorwürde

der

Hohen philosophischen Fakultät der Universität Marburg

vorgelegt von

**Karl Hanebuth**

aus Hannover.

MARBURG
1893.

Als Dissertation angenommen am 24. Februar 1893.

# Meinen lieben Eltern

in Dankbarkeit!

# Einleitung.

## Uebersicht über die Behandlung des Jeanne d'Arc-Stoffes und die kleineren Jeanne-Dichtungen im 15., 16. und beginnenden 17. Jahrhundert.

**Vorbemerkung**: Zur bisherigen Forschung über die Gesamtheit der poetischen Bearbeitungen des Stoffes (soweit sie sich nicht auf einzelne Dichtungen beschränkt; s. diese am zugehörigen Ort.)

Das grundlegende Werk ist: Quicherat, Procès de condamnation et de réhabilitation de Jeanne d'Arc, Paris 1841—49; I.--V. Band V enthält die erste Sammlung von Gedichten über Jeanne nebst wertvollen Anmerkungen, die noch fast alle heute Geltung haben.

Seitdem sind aber mancherlei Dichtungen hervorgezogen, von denen jener verdienstvolle Forscher noch nichts wusste.

Vor allem sind hier Guessard und de Certain zu nennen, die der von ihnen veranstalteten Ausgabe des Mystère du Siège d'Orléans (1862) einen chronologisch geordneten Katalog der Jeanne-Dramen nebst Auszügen aus ihnen als Anhang beigefügt haben. (S. 785—809).

Aus diesem Anhang und dem Quicheratschen Werk hat dann Tivier das IV. Capitel „Comparaison des différents poèmes composés en l'honneur de Jeanne d'Arc" (S. 177—186) seines Buches „Étude sur le Mystère du Siège d'Orléans" (1868) ziemlich flüchtig und unvollständig zusammengestellt; neues hat er nicht entdeckt.

Auch das Werk des Comte de Puymaigre „Jeanne d'Arc au théâtre 1439—1890", Paris 1890, (vgl. Mahrenholtz' Recension in Zs. f. frz. S. u. L. XIII, die im Wesentlichen die Hauptfacta kurz recapituliert) basirt auf Quicherat und dem Anhang zum Myster. Trotz der Beschränkung, die P. sich auferlegte, hat er die älteren dramatischen Bearbeitungen meist viel zu kurz und oberflächlich abgehandelt. Teilweise neu sind nur seine fleissigen Sammlungen aus dem Gebiete der modernsten dramatischen Literatur.

Mahrenholtz, Jeanne Darc in Geschichte, Legende und Dichtung, Leipzig 1890, (vgl. Sarrasins nicht sehr kritische Recension in Zs. f. frz. S. u. L. XIII) hat in seinem Werke der Forschung über die Poesie zu wenig Raum gegönnt (S. 139—168). Die gesamte Poesie bis excl. Chapelain thut er auf etwas mehr als 2 Seiten ab!

Mitschkes Versuch einer Aufzählung der poetischen Denkmäler (Engl. Stud. XVII, 80) ist gar zu unvollständig und unrichtig.

Das gleiche gilt von Latour (Vernulz-Ausgabe; vgl. Nr. VII).

Die beste Bibliographie über Jeanne soll sein: P. Lanéry d'Arc, Bibliographie des ouvrages relatifs à Jeanne d'Arc, Paris 1888 (Léon Techener), 259 Seiten; 120 Abzüge. Sie ist total vergriffen; leider konnte ich sie mir nirgendwoher verschaffen.

## A. Uebersicht über die poetische Behandlung des Jeanne d'Arc-Stoffes im 15., 16. und beginnenden 17. Jahrhundert.

Der gewaltige Glücksumschwung im französisch-englischen Kriege, welcher von Jeanne d'Arc eingeleitet wurde, übte naturgemäss eine tiefgehende Wirkung auf die Stimmung des französischen Volkes, die sich aus mutloser Niedergeschlagenheit zu hoher patriotischer Begeisterung erhob. Dieser Wechsel fand auch seinen Ausdruck in der Literatur, indem unter dem unmittelbaren Eindruck von Jeannes Thaten eine schnell anwachsende Lobdichtung die Nationalheldin auf den Schild erhob und in feurigen Dankhymnen feierte.

So sind die ersten Poesien über die Jungfrau mehr lyrischer Natur, sie sind — zwei lateinische Dichter ausgenommen — in volkstümliches Gewand gekleidet. Sie zeichnen sich nicht durch grossen Umfang aus, schiessen dafür aber umso zahlreicher [1]) und rascher aus dem Boden der Volksbegeisterung hervor; man kann nicht immer die Stätte ihres Ursprungs genau fixiren, aber ihre letzten Sprösslinge sind bis in die neueste Zeit hinein zu verfolgen.

Schriftliche Quellen liegen ihnen meist nicht zu Grunde, sondern wo sich einmal eine epische erzählende Behandlung findet, da schöpft sie gewöhnlich aus eigenem Miterlebniss oder dem von andern Augenzeugen.

Eine starke Ausnahme bildet indessen das Mystère du Siège d'Orléans. Es ist nichts weniger als lyrisch, es besitzt einen viel gewaltigeren Umfang als alle anderen Jeanne-Dichtungen, es ist auf schriftliche Ueberlieferungen gebaut. Diese letzte Eigenschaft erklärt sich aus den beiden andern. Es ist sicher verschiedentlich im Laufe des 15. Jahrh. aufgeführt worden bei Gelegenheit der Jahresfeste, die zum Andenken an die Befreiung von Orléans eingerichtet und auch noch in späteren Jahrhunderten nicht in völlige Vergessenheit geraten waren. [2]

---

[1]) ca. 15 der frühesten Zeit sind erhalten.
[2] vgl. Quicherat, Procès V, 295—318.

In der 2. Hälfte des 15. Jahrhunderts ist zwar das Ansehen der Pucelle nicht gesunken, die bereits geschaffene Poesie wird noch stark nachgewirkt haben, aber die poetische Produktion hat doch schon ganz bedeutend nachgelassen. Ausser einem formelhaft gehaltenen Dithyrambus auf ein Jahresfest gedenken der Nationalheldin drei Dichter, — aber nicht in eigens dazu geschaffenen Gedichten, sondern in Werken, deren Hauptzweck und -Inhalt einem ganz anderen Gebiet angehört.

Nur ein einziger Poet nimmt sich das Leben der Pucelle zum Hauptvorwurf.

Von eigentlicher Volksdichtung weist schon dieser Zeitraum kein neues Beispiel mehr auf.

Umsoweniger können wir ein solches vom 16. Jahrhundert erwarten. Alles, was dieses Saeculum über die Pucelle produziert hat, ist reine Kunstdichtung.

Das 2. Jahrzehnt hat uns ein lateinisches Epos — und in dessen Gefolge ein lateinisches Widmungsgedicht an den Autor jenes — hinterlassen, welches zum ersten Male der Jungfrau einen Zug unterschiebt, der von späteren Generationen, die am Antik-Heroischen Gefallen fanden, öfters wieder aufgegriffen werden sollte: das heldenmässige, unweibliche, vor keiner Gefahr, aber auch vor keiner Grausamkeit zurückschreckende Amazonentum.

Nachdem die Dichtung eine Zeit lang fast ganz über unsern Stoff geschwiegen, tritt er im vorletzten Jahrzehnt wieder hervor in einer Tragödie von französisch schreibender geistlicher Hand.

Nun häufen sich die Werke.

Noch dasselbe Jahr wird diese Tragödie von einem andern überarbeitet.

In England streift der grösste aller Dramatiker um die Wende der 80er Jahre den Stoff, freilich nur nebenbei und vom Standpunkte seines Volkes aus.

Lope de Vega behandelt die Geschichte der Jungfrau in einem seiner Dramen.

Im letzten Jahr des Saeculums erscheint ein Pucelle-Roman.

Die Folgezeit interessierte der Stoff noch lebhafter: Eine neue französische Tragödie schildert die Jungfrau wieder in der Art jenes lateinischen Epos; — für ihre Beliebtheit zeugen 9 Auflagen in den ersten 3 Jahrzehnten des 17. Jahrhunderts. Wie sehr aber die Thatsachen der Geschichte im Gedächtniss des Volkes — aus dem hier ausnahmsweise geschöpft ist — verblasst waren, zeigt eben dieses Werk; nur die allergröbsten Umrisse der Geschichte Jeannes sind noch erkennbar.

Ein kleineres Gedicht scheint ebenfalls aus dieser Zeit zu stammen.

Das erste Jahrzehnt zeigt den Stoff auch als Zwischenspiel verwendet.

Bald nachher zeugen eine Anzahl von Widmungsgedichten an den Herausgeber einer Jeanne-Chronik von der freundlichen Aufnahme, welche das Werk gefunden.

Endlich bringt das zur Neige gehende dritte Jahrzehnt noch eine lateinische Tragödie in Belgien hervor, — nicht so bar jeder Einzelfacta wie jene französische, da ihr wieder schriftliche Quellen vorgelegen haben.

### B. Die kleineren Jeanne-Dichtungen im 15., 16. und beginnenden 17. Jahrhundert.

Auf dem Deckel der Prozess-Akten von Cudrifin gegen die Stadt Romans-le-Bourg (Isère) hat Paul Meyer eine Ballade gefunden, die wegen ihres hohen Alters (Mitte 1429) und frischen Tons hier Platz finden möge:

  Ariere, Englois couez, ariere!
Vostre sort si ne resgne plus.
Pensés deu treyner vous baniere
Que bons Fransois ont rue jus
Par le voloyr dou roy Jhesus,
Et Janne, la douce pucelle,
De quoy vous estes confondus,
Dont c' est pour vous dure novelle.

  De tropt orgouilleuse maniere
Longuemen vous estes tenus;
En France est vous(tre) semet(i)ere,
Dont vous estes pour foulx tenus.
Faucement y estes venus,
Mès, par bonne juste querelle,
Tourner vous en faut tous camus,
Dont c' est pour vous dure novelle.

  Or esmaginés quelle chiere
Font ceulx qui vous ont soustenus
Depuis vostre emprisse premiere.
Je croy qu' i sont mort ou perdus,
Car je ne voys nulle ne nus
Qui de present de vous se mesle,
Si non chetis et maletrus,
Dont c'est pour vous dure nouvelle.

>    Pour vous gages, il est conclus,
>    Aiés la goute et la gravelle
>    Et le coul taillé rasibus,
>    Dont c'est pour vous dure nouvelle.[3]

Mancherlei Volkslieder über die Jungfrau sind zu ihrer Zeit entstanden. Zwar ist keines in seiner ursprünglichen Form uns aufbewahrt, indessen führen eine klare und mehrere dunkle Spuren in jetzigen Liedern auf jene zurück.

1. Ein 25strophiges Lied aus der Champagne [4] besingt die Berufung, die Thaten und das Ende der Pucelle und schliesst mit der Strophe:

>    Oui, dans nos coeurs la Pucelle
>    Doit vivre à jamais,
>    Car nous n'aurions plus, sans elle,
>    Le nom de Français;
>    Et, bannis de cette terre,
>    Loin de nos foyers.
>    Nous serions en Angleterre
>    Pauvres prisonniers.

Mahrenholtz [5] folgert aus diesem Schluss, das Lied sei frühestens nach der Rückkehr des in England gefangen gewesenen Karl von Orléans (1443) entstanden; die Notwendigkeit dieser Folgerung sehe ich nicht ein: es kann sehr wohl noch dem 4. Jahrzehnt entstammen.

Dem Centrum und Westen gehört das Verschen an:

>    Petite bergerette,
>    A la guerre tu t'en vas.

---

>    Elle porte la croix d'or
>    La fleur de lys au bas
>    Sa pareille n' y a pas.[6]

Noch einige (ca. 8) Tanzlieder [7], die aber alle nur einen Text variieren, werden von Scheffler (II, 87 ff) auf Jeanne bezogen.

---

[3] Nach dem Neudruck P. Meyers in Rom XXI, Jan. 92. — Vgl. Rev. crit. 1891, No. 24 (Literaturbl. Juli 1891.)

[4] Abgedruckt bei Marelle, Herrigs Archiv LVI, 30 s. f. bei Scheffler, franz. Volksdichtung und Sage II, 90—93 (seine Anm. hält „Escalles" fälschlich für Salisbury statt für Scales!) und bei Tarbé, Romancero de Champagne (1863) III, 212—218. — Duplessis druckte das Lied zuerst 1840 in Chartres.

[5] a. a. O. S. 172, Anm. 57.

[6] Rathéry (Moniteur 1853); Scheffler II, 87. — Die 3 letzten Verse enthält auch der Schluss eines Soldatenliedes aus Berry (das. S. 111). Chants historiques über Jeanne scheinen uns seltsamerweise gar nicht überliefert zu sein. Le Roux de Lincy (Recueil de chants hist. franç.; 2 Bde.; Chants hist. et pop. du temps de Charles VII et de Louis XI, 1857, 1 Bd.) kennt keine.

[7] Sie sind heimisch in Montfaucon (Gascogne), in der Champagne, in Saintonge (Westküste), in Bousse, in den Ardennen und in Serrouville. Die

Ihr Inhalt ist: Der König von England tritt auf eine Wiese, wo er 80 (auch 50, 3) Schäferinnen beisammen findet. Er grüsst oder küsst sie alle ausser der schönsten (jüngsten). Diese — so fahren die meisten Lieder fort -- fragt, warum er sie vernachlässige, worauf der König erwidert, er sehe es ihr an „que tu n'es plus pucelle" (oder auch: ce sont les cordeaux de ta devantère, qui n' my plaisent pas . . .) Da fordert die gekränkte Schöne ihn zum Zweikampf heraus, besiegt ihn und wirft ihn nieder. Ein anderes Lied übergeht die Frage der Hirtin und die Antwort des Königs; zwei lassen den Zweikampf aus, statt dessen droht das Mädchen mit der Rache des Vaters und der Brüder daheim in Paris, und eines berichtet sowohl Zweikampf als Drohung.

Ich möchte weder Scheffler folgen, noch mit Bujeaud und Tarbé in diesen Liedern gewisse Anspielungen auf Richard Löwenherz und Alix von Champagne anerkennen, sondern eher in ihnen Züge aus dem naiven Volksleben auf dem Lande suchen. Dass der König von England in ihnen auftritt, ist wohl zufällig.

Höchstens könnte in dem Schluss eines Liedes ein leiser Anklang an Thaten der Pucelle sich erhalten haben:
Un' fille a battu le roi d' Angleterre.
Tout est regagné par une bergère.
Nous pouvons danser, nous n'aurons plus d'guerre.

Der Vollständigkeit halber seien hier noch 3 bedeutungslose Gedichtchen genannt, welche Tarbé (Romancero de Champagne III, 219—221) abdruckt: 4 Verse über die Krönung Karls VII. (Légende de la tapisserie de Jeanne d'Arc 1490—1520), die in Notre-Dame zu Reims bis 1792 vorhanden waren; ein Sonnet über die Erhebung Jeannes in den Adelstand von J. Roussel, avocat au parlement (Recueil de Charles du Lys, p. 46); 8 Verse „Aux Anglois" über den Zug nach Reims (P. Palais, gentilhomme de Caen. Recueil de Charles Du Lys. — 1628.)

Christine de Pisan schrieb ein Ditié [8] von 61 Strophen zum Lobe der Jungfrau, welches, wie sie selbst am Schluss sagt, am 31. Juli 1429 vollendet ward, also kurz vor Karls Sturm auf Paris.

Als begeisterte Anhängerin des Königs und unter dem Eindruck der Ereignisse feiert sie Jeanne in beredten Worten, vergleicht sie mit Moses, Gideon, Esther, Judith, Debora, Hector und Achill, ja, kündet sie als Ketzervertilgerin – welcher Kontrast zu Johannas Ende! – und Eroberin des heiligen Landes an.[9]

---

Texte siehe bei: Scheffler II, 87, 88; Bujeaud, chants et chansons popul. II. 192; Puymaigre, ch. pop. 180; Tarbé, Romancero de Champagne III, 105—109.

[8] Abgedruckt von Jubinal 1838 (Rapport au ministre de l'Instr. publ.), bei Thomassy, Essai sur les ouvr. polit. de Christine de P., Paris 1839. S. XLVII und Quicherat, Pr. V, 3—21. -- Vgl. auch Aubertin, Hist. de la langue et lit frç., Paris 1848, II, 100. Mahrenholtz, a. a. O., S. 77.

[9] In zeitlicher Reihenfolge würde nun ein Stück kommen, welches 1430 in Regensburg aufgeführt sein soll und den Hussitenkrieg behandelte, in dem

Antonio aus Asti dichtete 1430 für seinen Gönner, den Herzog von Orleans und Herrn von Asti, einen Brief[10]) des Perceval de Boulainvilliers an den Herzog von Mailand (vom 21. Juni 1429), der allerlei märchenhafte Anecdoten über Jeanne enthielt, in lateinische Hexameter um und noch 6 Verse hinzu.[11])

Ein zweites lateinisches Gedicht[12]) aus früher Zeit — sehr bald nach dem Tode der Jungfrau — hat uns ein anonymer Autor hinterlassen. Es steht niedergeschrieben auf den letzten 3 Blättern des Ms. 5970 (Bibl. nat.) des Rehabilitations-Processes[13]) und ist in 2 Libri geteilt, wovon das erste Buch (336 Hexameter) zum Teil in langatmigen Reden Johannas Berufung und Audienzen bei Baudricourt und dem König erzählt, während das zweite (266 Hexameter) die Befreiung der Stadt in grossen Zügen schildert.

Dass das Gedicht erst nach Johannas Tode abgefasst ist, beweisen die Verse:

... O flammis coelo remeanda puella
(Anrede des Himmelsboten 1,142) und
... coelos jubeat penetrare per ignem
(Prophezeiung des Vates Petrus 1,255.)

Der Dichter schöpfte wohl aus eigenen Erinnerungen.

Chronologisch folgt nun das Mystère du Siège d'Orléans[14]) ca. 1434 begonnen; s. No. I.

Martin le Franc liess in seinem „Champion des Dames" (1440), einem Gegenstück zum Roman de la Rose, den Champion und Adversaire auch über Jeanne discutieren. Die bez. Stelle (in französischen Achtsilblern) ist nicht sehr inhaltsreich[15])

---

auch Jeanne auftrat als an die Hussiten einen Brief richtend (s. diesen Quicherat V, 156 ff.) Quicherat (V, 82), Puymaigre (S. 8) und Guessard et de Certain (Myster-Ausgabe S. 785) schöpfen diese Angabe aus: Hormayr, Taschenb. f. vaterl. Geschichte, 1834, S. 326. Hormayr aber hat nur die Bemerkung: „Eine gleichzeitig in Regensburg gegebene melodramatische Vorstellung ... zeugt bereits von" u. s. w., ohne irgend welches Quellencitat; die ganze Angabe erscheint mir sehr unsicher.

[10]) vgl. Quicherat V, 114 ff.
[11]) Ueber Antonio vgl. Berriat Saint-Prix, Jeanne d'Arc. Jene 6 Verse s. Quicherat V, 22 f. — Mahrenholtz (der ihn für einen Edlen von Asti zu halten scheint) S. 113.
[12]) Abgedruckt und eingeleitet von Quicherat V, 24—43.
[13]) Quicherat V. 447ff.
[14]) Mahrenholtz scheint dieses wichtige Denkmal nicht einmal von aussen gesehen zu haben; er thut es ab mit den Worten (S. 113): „ein Gedicht über die wundersame Rettung Orléans', so wertlos es auch war, hatte den leichtgläubigen Sinn des 15. Jahrhunderts auf die erste, poetisch ausgeschmückte Waffenthat der Jungfrau gerichtet."
[15]) Abgedruckt bei Quicherat V, 44—50. — Nach 1440 verschiedene Ausgaben, z. B. Lyon 1485 (Catalogue de la Bibl. de Rothschild.) —
Alain Chartier (1390—1458) verfasste kein Gedicht über die Jungfrau (entgegen

Villon erwähnt „Jeanne la bonne Lorraine qu' Angloys bruslèrent à Rouen"[16]) in der Ballade von den „Dames du temps jadis" seines Grand Testament (1461).

Der burgundische Chronist Georges Chastellain schrieb im selben Jahre in den „Recollections des merveilles advenues de nostre temps" 2 Strophen[17]) über Jeanne, deren erste von Orléans und Reins spricht; die Zweite ist merkwürdiger:

> Saincte fut aorée (!)
> Par les oeuvres que fit;
> Mais puis fut rencontrée
> Et prise sans prouffit;
> Arse á Rouen en cendres
> Au grand dur des François,
> Donnans depuis extendre
> Son revivre aultre fois[18])

Wahrscheinlich aus dem Anfang der 80er Jahre ist uns ein Hymnus[19]) für das jährliche Gedenkfest der Befreiung von Orléans erhalten. Er ist in 4 verschiedenen Metren verfasst, sehr pompös, aber ziemlich inhaltsleer.

Martial d'Auvergne handelt über Jeanne in den Vigiles du roi Charles VII" (1484); s. No. II.

Octavien de Saint-Gelais schildert in 18 Zehnsilbern[20]) seines „Séjour d'honneur" 1489) das kriegerische Aussehen und Gebahren der Jungfrau.

Das erste Werk des neuen Jahrhunderts ist Valerands „De gestis Joannae... egregiae bellatricis" (1516), s, No. III.

In dessen Werk ist auch das Geleitgedicht[21]) einverleibt, welches Jean Salmon Maigret (1490—1557) unter dem Titel „Joannis Salmonii Macrini Aquitani in Valerandi Varanii Puellam hendecasyllabum" an Joanna und ihren Lobdichter gerichtet hat, und welches in 45 frostigen Zehnsilbern die kriegerische Majestät der Jungfrau preist.

---

der Angabe von Mahrenholtz, S. 69), sondern citiert nur 24 Verse, aus Martins Ch. des D. (Ausg. v. André Du Chesne Tourangeau 1617, S. 830 f.) Charles d'Orléans, bei dem man auch Gedichte oder Anspielungen auf Jeanne vermuten könnte, hat nichts über sie geschrieben. Eine „Balade", welche die Besiegung der Engländer feiert, (Ausg. von Guichard, S. 100) erwähnt ihrer mit keinem Wort. Desgl. nicht Coquillart (1421—1510 in Reims).

[16]) Quicherat V, 90, 91.

[17]) Quicherat V, 90; Buchon, chroniques français: chronique de Lalain par G. Chastellain, S XL.

[18]) Die letzten 2 Verse gehen auf die 1436 auftauchende falsche Jungfrau Jeanne de Lis; vgl. Rev. crit. XXIV, 191; Bibl. de l'École des Chartes XLVI, 1885.

[19]) Lottin, Rech. hist. sur Orl. I., 279; Quicherat V, 313 ff.

[20]) Quicherat V, 91.

[21]) Prarouds Valerand-Ausgabe, S. 138.

Vorn in der Mitte und am Ende wiederholen sich die Verse.
I fausto omine dexteroque coelo;
I francos, sacra virgo per penates,
Urbatim simul et domesticatim.[22])
1581 erschien die „Histoire tragique de la Pucelle"; s. Nr. IV.

Vor 1592[23]) dichtete Shakespeare das Stück, welches, freilich ohne der Geschichte in Auffassung der Person und in den Thatsachen auch nur im geringsten treu zu bleiben, Johanna auf die Bühne brachte: King Henry VI., I. Part.

In diese Zeit fällt auch eine dramatische Bearbeitung durch Lope de Vega (1562—1635), die indessen verloren gegangen zu sein scheint.[24])

1599 erschien eine Prosa-Darstellung die, weil sie den Stoff sehr „frei und hofmässig" behandelt, mehr als Roman denn als Chronik anzusehen ist, und darum wohl auch hierher gehört: La Pucelle d'Orleans restituée par Beroalde de Verville. Sous le sujet de cette magnanime Pucelle est representée une Fille vaillante, chaste, sçavante & belle. A Tours, 1599, in 12° 317 feuillets.[25])

„Ein schlechtes Gedicht eines Ordensgeistlichen von St. Euverte betitelt die moderne Amazone,"[26]) scheint, wenn der Titel einen Schluss auf die Auffassung des Verfassers zulässt, aus der Zeit um 1600 zu stammen.

1600 ward die Tragédie de Jeanne d'Arques zum ersten Male herausgegeben; (s. Nr. V.) und

1608 erschien Chrétiens Grande pastorale, wo Jeanne in einem Zwischenspiel auftritt; s. Nr. VI.

Der Jungfrau-Chronik, welche Hordal 1612 veröffentlichte[27]) sind nicht weniger als 17 Widmungsgedichte an

---

[22]) Hier wäre Du Bellay [1525—60] einzuschalten, der Jeanne in „Instructions sur le fait de la guerre" schildert. Aber dies ist wohl keine Poesie. (Quicherat, Aperçus nouveaux S. 158; Mahrenholtz, S. 140.)
[23]) Folio von 1623. — Delius I, 813. — Betreffs der Quellen [Holinshed † 1582 vgl. Chamber, Cycl. I, 71,208; Caxton 1480 vgl. Quicherat IV, 476 f.; Bower 1440 vgl. Quicherat IV, 478 ff; älteres Stück] s. Mahrenholtz, S. 148; Fleay in Macmillan's Magazine 193 [Nov. 75]; Rivers, essay on the authorship of H. VI., Cambr. 1874. — Mahrenholtz, Voltaire, S. 106, Puymaigre, S. 17.
[24]) So sagt Schack [Gesch. der dramat. Kunst und Lit. in Spanien 1845, II, 327], der das Werk „La Poncella de Orleans" nennt. Auch Hennigs [Studien zu L. de V. Gött. Diss. 1891, S. 32/33] kennt nur die Titel von „La Poncella d'Orleans" und „La Poncella de Francia."
[25]) Cat. de la Bibl. de Rothschild, Nr. 1522.
[26]) Dieses dürftige Citat finde ich bei Mitschke, Engl. Stud. XVII, 80; sonst nirgends.
[27]) Vgl. die Quellen-Untersuchung zu Nr. VII.

den Chronisten in lateinischer, französischer, italienischer und spanischer Sprache beigegeben. Aber nur 2 sind für uns von einigem Interesse: Das 8. (von Nic. Guinetus, lat.) bezieht sich mehrmals auf Johanna, das 15. (von Adenot Jaquet Barrisien, franz.) setzt das Verdienst Johannas um die Rettung des Vaterlandes und das Hordals um das Andenken Johannas in Parallele (!).[28])

Hordal (S. 146) erwähnt auch die vielleicht gleichfalls dieser Zeit angehörigen lateinischen Hexameter, welche ein Hubertus Momoretana im 6. seiner 7 libri bellorum Britannicorum Johanna gewidmet hat. „Locum alacrius ut legas lector" citiert H. 11 Verse dieses Poeten, welche berichten, wie der Himmelsbote Johanna den Auftrag der Jungfrau Maria(!) mitteilt, — wohl eine Reminiscenz an den sog. englischen Gruss. —

Daselbst (S. 151) auch 2 bedeutungslose Distichen des Pariser Juristen Stephanus Paschasius.

Vernulz' Joanna Darcia tragaedia erschien 1629; s. Nr. VII.

Zum Schluss ein kurzes Wort über die Prophezeiungen, welche in früher Zeit über das Erscheinen der Jungfrau ausgesprochen sein sollen.

Dieselben sind teils fälschlich auf sie bezogen, teils sind sie so dunkel und verworren, dass es unmöglich ist, Licht über sie zu verbreiten.

Jean Brehal führt als Zeuge im Rehabilitations-Process (Quicherat III, 341), um die göttliche Sendung der Jungfrau darzuthun, eine Prophezeiung Merlins an, welche auf sie gehen soll.

Er hat aber absichtlich den Text derselben corrumpiert um sie auf Johanna anwenden zu können. Die Wahrsagung geht eigentlich auf Winton („De Guyntonia vaticinium."[29])

Brehal citiert ferner eine unentwirrbare Prophezeiung (Quicherat, III, 344 ff.)

Mathieu Thomassin berichtet in seinem „Registre delphinal" (Quicherat IV, 305) eine andere Merlinsche

---

[28]) Ein Non-plus-ultra von Schmeichelei zeigt das letzte jener Gedichte, das ich der Curiosität halber hier anführe:
    Que l'on ne vante plus d'un Homere la gloire
    A chanter, un Virgile d'Aenee la memoire:
    Tu es bien plus, Hordal, d'une veine meilleure
    Empeschant Jeanne Darc qu'en la France ne meure.

[29]) Quicherat III, 341 ff, giebt auch den echten Text, wie er sich findet bei: Fr. Michel, Galfridi de Monemuta vita Merlini, 1837, S. 67 ff. — Ist W. identisch mit Andrew of Wyntown, dem Verf. des „Orygynale Cronykil of Scotland?"

Weissagung: Descendet virgo dorsum sagitarii et flores virgineos obscurabit. [30])

Ferner citiert Thomassin, wie vor ihm (1441) Walter Bower in seinem Scotichronicon (Quicherat IV, 481) und Ms. 7301 Bibl. roy. [31]) folgende lateinische Verse, die ich ohne Rücksicht auf Verständlichkeit wörtlich wiedergebe:

Virgo puellares artus inducta virili
Veste, Dei monitu, properat relevare jacentem
Liligerum regemque, suos delere nephandos
Hostes precipue qui nunc sunt Aurelianis;
Urbe sub, ac illam deterreunt obsidione.
Et si tanta viris mens est se jungere bello,
Arma sequique sua que nunc parat alma puella,
Credite fallaces Anglos subcumbere morti
Marte puellari Gallis sternentibus illos.
Et tunc finis erit pugne cum (tunc?) federe prisca;
Tunc amor et pietas et cetera jura redebunt;
Certabunt de pace viri, cunctique favebunt
Sponte sua regi, qui rex librabit et ipsis
Cunctis justitiam quos pulchra pace fovebit.
A (Et) modo nullus erit Anglorum pardigus hostis,
Qui se Francorum presumat dicere Regem. [32])

Doch nur Bower citiert diese Verse als Prophezeiung; er schiebt ihnen noch 3 ganz unverständliche Verse vor, welche Brehal fälschlich Beda zuschreibt (Quicherat III, 338) [33])

Bower (Quicherat IV, 480) schreibt eine andere 6 Verse enthaltende Weissagung ganz dunklen Inhalts Merlin zu.

Anmerkung: Zu den Chroniken über die Jungfrau.

Ausführlich über die Chroniken zu handeln, ist hier nicht der Ort. Wo eine solche als Quelle uns näher interessiert, wird sie an passender Stelle besprochen werden.

Die allermeisten die Pucelle behandelnden Geschichtswerke des 15. Jahrhunderts hat Quicherat, wenigstens abschnittsweise, im IV. Bd. [und V., 285—299] abgedruckt. Vgl. Beckmann, Forschungen über die Quellen zur Geschichte der Jungfrau v. O., Paderborn 1872. [Die Bestimmtheit seiner Angaben stützt sich jedoch nicht immer auf den nötigen thatsächlichen Untergrund.]

Als bisher noch nicht bekannt habe ich [ausser einigen späteren Ausgaben des Journal du Siège, vgl. II., Anm. 16] noch hinzuzufügen:

1. Aureliae Urbis memorabilis ab Anglis Obsidio, anno 1428 et Joannae virginis Lotharingae res gestae, Authore I⁰ Lodoico Micquello iuventutis Aureliae moderatore. Ad Carolum Cardinalem Lotharingum. Parisiis,

---

[30]) Obscultabit nach Ms. 7301 Bibl. Roy. [Quicherat III, 15.]
[31]) Vgl. P. Paris, les manuscrits franç. de la bibl. du ror 7, 379.
[32]) Ms. 7301 lässt eine franz. Uebersetzung [15. Jh.] folgen.
[33]) Quicherat selber [III. 339] glaubt, sie sollten chronogrammatisch auf das Jahr 1429 deuten.

apud Andream Wechelum, sub Pegaso, in vico Bellovaco: 1560 in 8⁰ 112 Seiten. [Rotschild-Katalog Nr. 2103.]

2. C'est de Jehanne la Pucelle. Légende de la fin du XVe siècle 1833. Auf der Marburger Bibliothek. Der Realkatalog daselbst nennt Mme. Amédée du Puget als Herausgeberin.
Das Werk ist von irgend welchen Fund-Angaben nicht begleitet. In einer Sprache, deren Grammatik und Orthographie zwar wohl in das 15. Jahrhundert passt, deren flüssiger, höcht gewandter Stil aber so sehr von anderen Chroniken jener Zeit absticht, dass das Ganze fast den Eindruck einer modernen Fälschung macht, werden die Thaten der Jungfrau [I] und ihre Verurteilung [II] ausführlichst geschildert.
Ich bin nicht in die Lage gekommen, das Werk irgendwo als Quelle heranziehen zu müssen.
Die provenzalische Chronik, welche Lanery d'Arc und Grellet-Balguerie unter dem Titel „La piuzela d'Orlhieux, recit provençau countempouran de la messioun de Jano d'Arc" Paris 1890, wie sie meinen, zum ersten Mal herausgegeben haben [vgl. estudi dóu vièi provençau in armana provençau per l'an 1891, p. 20], enthält bereits der IV. Band von Quicherat [S. 300—302]. Vgl. Rom. XIX, 371, Rev. crit. 26 mai 1890 sér XXIV. —

Von modernen Historikern über Jeanne seien genannt:
Quicherat, Aperçus nouveaux sur l'histoire de Jeanne d'Arc, Paris 1850. [Ausgezeichnetes Buch!]
Vallet de Viriville, Histoire de Charles VII 1863.
Dufresne de Beaucourt, Hist. de Ch. VII.
Mahrenholtz, J. D. in Geschichte, L. und D. Leipzig 1890. [In dessen Anmerkungen s. ausführlicher die Literatur.]

# I.
## Mystère du Siège d'Orléans.
### (Entstehungsperioden und -Teile, Aufführungen, Verfasser, Quellen.)

Herausgegeben von F. Guessard und E. de Certain in: Collection de Doc. inéd. sur l'hist. de France, P, 1862. Die einzige (Papier-) Hs. in Rom, Vaticansbibl. 1022 des Königin-Christinen-Fonds, in 4⁰, 509 Blätter [1])

Das Mysterium schildert in 20529 Versen (eine Stelle ausgenommen lauter Achtsilblern) die Klagen des gefangenen Herzogs Karl von Orleans, sodann Salisburys Zug nach Orléans, die wechselvolle Belagerung selbst, die Berufung der Jungfrau, ihr Befreiungswerk bis zur Schlacht bei Patay und schliesst, indem die Jungfrau die Absicht ausspricht, den König nach Rheims zu führen, und den Bürgern von Orléans empfiehlt, durch Processionen das Andenken an die glorreichen Tage der Befreiung ihrer Stadt zu feiern.[2]) (Diese letzten 100 Verse sind Zehnsilbler.) Unter den anderthalbhundert Personen, die auftreten, sind 5 himmlische; an 100 gehören zur französischen, der Rest zur englischen Partei. Auch dieser Letzteren Namen sind — wie übrigens auch in den Chroniken, die als Quellen dienten — meist französisch umgeformt, z. B. Sallebry, Sombreset, Escalles, Facetot, Fauquemberge (Falconbridge), Hongresfort auch Rougefort etc. (Hungerford), Glacidas (Glasdale).

Die endlos breite, unübersichtliche Darstellung verliert sich in Detail; freilich ist die Schilderung der Belagerung historisch getreu. Die dramatischen Wirkungen, welche durch Contraste bisweilen erreicht werden, sind kein Verdienst der Dichters.

Ueber Entstehung, Verfasser, Quellen des Mysteriums sind schon die verschiedensten Hypothesen aufgestellt worden, ohne dass bis jetzt für eine von ihnen ein einleuchtender Beweis erbracht wäre.

Daher soll im Folgenden angestrebt werden, das bis jetzt Versäumte nachzuholen.

---

[1]) Vgl. die Ausgabe, S. III f. Le Petit de Julleville, Mistères II, 576 ff.
[2]) Genauere Inhaltsangabe in der Ausgabe, S. LIII—LXVI.

## A. Entstehungs-Perioden und -Teile.
### 1. Trennung in 2 Hauptteile.

Schon Vallet de Viriville [3]) und Tivier [4]) betonen, dass unser Mysterium, so wie die Hs. es uns überliefert hat, nicht aus einem Guss entstanden ist, sondern verschiedene Entwicklungs-Stadien durchlaufen haben mussi

Guessard und de Certain haben darauf hingewiesen, dass der Bastard von Orléans, welcher am 14. Juli 1439 Comte de Dunois wurde, in dem letzten grösseren Teile (von Seite 219 ab) nur mit seinem alten Namen bezeichnet wird (88 mal), während er im ersten Teil (bis S. 207) nur unter seinem späteren Titel vorkommt (12 mal.)

Tivier (S. 42) und Julleville ( a. a. O.) meinen nun, dass der Verfasser — der jedenfalls aus Orléans war und nach ihrer Ansicht nach 1439 schrieb — später dem Bastard zu Ehren diese Aenderungen eingeschmuggelt habe, damit aber nicht weit gediehen sei.

Die Herausgeber und Viriville aber glauben, dass der erste Teil nach 1439, der andere aber schon vorher entstanden sei.

Ich schliesse mich ihnen unbedingt an.

Denn Tivier und Julleville steht entgegen, dass unter obigen 12 Stellen sich 4 befinden (V. 3807, 4643, 4851, 5275,), wo „Dunois" Reimwort ist, und wo weder das Reimwort noch die ganze Stelle [5]) ohne den grössten Zwang entfernt werden kann.

3807: Venez ça, sire de Dunois,
Je vous pry, venez en avant.
Venuz sont nos loyaulx François
Ce sont nos bons amys d'Orleans . . .

4643: Voicy le conte de Dunois,
Lequel vous tendra compaignie
Pour secourir mes bons François
Esquelz parfaictement me fye . . .

4851: Et vous, monseigneur de Dunois,
Conseillez vous ainsi le faire? —
Ouy, seurement, je le congnois
Que vous le devez ainsi faire.

---

[3]) Bibl. de l' École des Chartes, 5e serie, V, 1864, S. 1—17.
[4]) Étude sur le M. du S. d'O. et sur Jacques Millet, Paris 1868. — Tivier hat seine Ansichten nicht geändert in seiner Histoire de la lit. dramat en France, P 1873 (Lanéry d'Arc, a. a. O.)
[5]) Uebrigens kommt es mehr auf die Möglichkeit der Entfernung des ersteren als letzterer an, da diese sich ja auch auf den alten Bastard bezogen haben könnte.

5275:  Et vous, monseigneur de Dunois,
Penser nous fault de ceste affaire
Contre ces desloyaulx Anglois
Qui vous font cy grant vitupere.

Auch ein Ueberblick über die Strophenformen beider Teile stützt unsere Behauptung: Der ältere Teil liebt die Form des 16zeiligen Rondels ABBA abAB abba ABBA (25 mal),[6]) welche sich in ersten, jüngeren Teil nur 6 mal[7]) findet. Dagegen kommt die Form aab aab bbc bbc im ersten Teil an 7 Stellen[8]) vor, während der fast dreimal so lange ältere sie nur an 16 Stellen[9]) zur Anwendung bringt. Noch ablehnender verhält sich der ältere gegen die Form des 8zeiligen Rondels ABaAabAB (5 mal),[10]) die der jüngere 8mal[11]) braucht.[12])

Den alten Teil lassen G. et de C. mit Recht mit V. 5331 beginnen, wo die Belagerung mit der Ankunft Fastolfs aus England eine Wendung nimmt.

Die Herausgeber suchen ferner Schlüsse zu ziehen aus dem Auftreten des Gilles de Rais (S XII f.)

Dieser Marschall ward am 27. October 1440 verbrannt, weil er gegen 140 Kinder — zuerst zu Zauberzwecken, dann aus purer satanischer Mordgier — in bestialischer Weise getötet hatte.[13])

Sie meinen, das es mit der nochmals auf diesen Marschall gehäuften gerechten Schmach unvereinbar sei, dass das Myster — in dem er ja eine ehrenvolle Rolle spiele — einem späteren Termin als jenem seine Entstehung verdanke. Es sei also die Fertigstellung des ersten Teils zwischen 1439 und 1440 zu setzen.

Dem entgegen ist aber die Thatsache zu konstatieren, dass Rais allein im älteren Teil (V. 5331 bis Schluss) erwähnt wird oder auftritt (7 mal als schützender Begleiter der Jungfrau auf der Reise nach Orléans: S. 434, 438, 446, 448, 449, 450, 451; 2 mal im Rate: S. 551, 580.)

---

[6]) Seite: 250, 260, 264, 276, 285, 293, 307, 321, 350, 359, 370, 406, 436, 491, 566, 571, 572, 587, 598, 666, 687, 694, 703, 742, 782.
[7]) Seite: 30, 79, 105, 148, 185, 196.
[8]) Seite: 1—3, 11—15, 35—37, 63, 80—82, 100 101, 169.
[9]) Seite: 264—67, 320, 502, 516, 523—25, 531, 541—43, 550, 576—78, 609 10, 626, 643 4, 669 70, 704—7, 710 11, 779—81.
[10]) Seite: 339, 608, 636, 637, 638 9.
[11]) Seite: 24, 55, 56, 62, 82, 121, 122, 149
[12]) Ungünstig für Tiviers Hypothese ist auch der Umstand, dass Viriville für den ersten Teil eine besondere Quelle, die Festchronik [s. u.] nachgewiesen hat. Beweiskräftig ist diese Einwand allein natürlich nicht, — immerhin scheint er mir doch das oben Vorgebrachte stützen zu helfen.
[13]) Michelet, Histoire de France V. 208—214.

Viriville (a. a. O. S. 9, 10) hat noch zwei ähnliche Beobachtungen gemacht, deren erste hier jedoch unerwähnt bleibe, da er sie selbst für belanglos hält. Wichtig ist die zweite: John Beaufort, Graf von Sommerset, der erst 1443 Herzog wird, führt im Myster stets [14]) den Titel Duc, und zwar nicht etwa nur im ersten, jüngeren Teil. Wie ist das zu erklären? Jedenfalls muss dieser Titel erst später eingesetzt sein. Aus welchen Gründen? Der lokalpatriotische, den wir vorhin bei Dunois (bis V. 5330) anführen konnten, fällt hier weg; es bliebe also nur das Streben des Ueberarbeiters, auch in Titeln wahrheitsgetreu zu sein. Aber warum hat dann nicht der dem Franzosen viel näher stehende Bastard des zweiten Teils ebenfalls seinen neuen Titel erhalten?

Sommerset tritt im jüngeren Teil 10mal auf: S. 26, 27, 29, 30 (2 mal), 32 (desgl.), 34, 38, 46; Seite 25 und 33 wird er angeredet, und zwar steht „Sombreset" im Reim (: parfait, : est) und „duc" im Innern des Verses.

Im älteren (fast 3 mal so langen) zeigt er sich nur 7 mal: S. 533, 544, 700, 751, 755, 769, 771; überall aber nur in den Ueberschriften, nirgends im Dialog selbst, geschweige denn im Reime.

Der eben erwähnte Widerspruch scheint mir also lösbar. Man berücksichtige, dass Sommerset weit seltener auftritt als der Bastard, und dass es für jeden Kopisten nahe lag, 7 mal den Comte de S. in Ueberschriften in einen Duc de S. zu verwandeln, dagegen sehr viel ferner, 88 mal in Ueberschriften und im Text selbst den Bastard d'Orléans in einen Dunois, wobei noch besonders in Betracht kommt, dass hier Reim und Vers öfters zu ändern gewesen wäre.

Der ältere Teil wird also in einer früheren Hs. den englischen Heerführer als Comte de Sombreset bezeichnet haben.

Viriville hält es nicht für wahrscheinlich, dass das Myster gleich nach dem Beförderungsjahre Sommersets, 1443, überarbeitet und gespielt worden sei; denn John Beaufort war es nur ein Jahr vergönnt, seine neue Würde zu geniessen, da er schon am 27. Mai 1444 starb. Es ist in der That sehr zweifelhaft, ob die Kunde von seiner Rangerhöhung — zumal er keine hervorragende Rolle im Kriege spielte — schon bald bis zu des Bearbeiters Ohren gedrungen war. [15])

---

[14]) Eine Ausnahme s. unten.
[15]) Auch standen damals Rais' Verbrechen und Todesstrafe wohl noch in zu frischer Erinnerung, um an eine Bearbeitung zu jener Zeit denken zu lassen.

Dagegen sollte Johns Bruder Edmund unter den Franzosen sehr bekannt werden, da er zur Zeit der französischen Rückeroberung der Normandie (1449) dort Regent war; dieser Sommerset war volle 7 Jahre (1448—1455) Duc. Was ist also wahrscheinlicher, so argumentiert Viriville, als dass der Ueberarbeiter des Mysters hauptsächlich unter dem Einfluss des Titel dieses Herrn jenem verstorbenen Bruder den Duc-Titel — halb anachronistisch — gegeben hat! Demgemäss wäre der jüngere Teil nicht vor 1449 angefügt.

2. **Zwei einander ablösende Dichter im zweiten Hauptteil.**

Weniger zeitlich feste Criterien bieten sich dar, wenn wir versuchen wollen, mehrere Hände in dem zweiten, älteren Teil allein zu konstatieren.

Aut Grund der Strophenformen vermute ich aber, dass auch hier 2 Personen einander bei ihrer Arbeit abgelöst haben.

4 Strophenformen kommen im Myster vor. Die bei weitem gewöhnlichste ist die Strophe abab bcbc (1), die so häufig sich findet, dass die andern nur als Abweichungen von der Regel aufgefasst werden können.

Diese sind:

ABBA abAB abba ABBA (2), 25 mal,[16])
aab aab bbc bbc (3), 16 mal,
AB aA ab AB (4) 5 mal.

1 und 2 sind ziemlich gleichmässig verteilt, ebenso auch die Fehler, welche gegen den strengen Strophenbau gemacht sind, so dass bei ihnen eine Untersuchung nicht einsetzen kann.

Nicht so 3 und 4.[17])

Form 3 kommt vor: S. 264,67, 320, 502, 516, 523,5, 531, 541,3, 550, 576,8, 609,10, 626, 643,4, 669,70, 704,7, 710/11, 779,81.

Von S. 502 an wird sie also, wie ersichtlich, ziemlich gleichmässig (durchschnittlich alle 17 Seiten) angewendet,

---

[16]) Die Ziffern hier u. i. flg. beziehen sich selbstredend nur auf den älteren Teil.
[17]) Ueber Form 4 vgl. weiter unten.

mit Vorliebe bei Gebeten, längeren pathetischen Reden u. s. w.[18])

Dagegen fällt auf, dass sich die Form von S. 209 (dem Beginn des alten Teils) bis 502 bloss 2 mal und zwar in Abständen von 54 und 182 Seiten findet.[19]) Dies scheint erklärlich, wenn sich 2 verschiedene Verfasser bei ihrer Arbeit abgelöst haben; doch gebe ich gern zu, dass letztere Annahme dadurch allein noch nicht hinreichend gesichert erscheint, zumal eine feste Grenze, an welcher der älteste Teil des Stückes aufgehört haben könnte, nicht wohl anzugeben ist. Reim und Stil bieten leider auch keine Handhabe zur weiteren Unterstützung unserer Vermutung.

3. Interpolationen.

Nur eine Scene ist unbedingt sicher als Einschiebsel zu betrachten; nämlich jene, welche schon die Herausgeber (S. IV) markiert haben: die Kampfepisode zwischen den Gascognern Gaquet und Verdille und 2 Engländern. Dieser Passus steht innerhalb des 1. Abschnittes des älteren Teils (S. 281—304), er weist kein einziges Beispiel der Form aab aab bbc bbc auf, welche freilich auch in jenem Abschnitt selbst selten ist. Er zeigt nicht den geringsten inhaltlichen Zusammenhang mit dem, was voraufgeht oder folgt.

Diese Episode scheint lediglich zur grösseren Befriedigung der Schaulust, und zwar wohl erst in die letzte Bearbeitung, wie sie in unserm Ms. vorliegt, eingeflickt zu sein, da ihr in der Hs. ein unbeschriebenes Blatt unmittelbar folgt.

Die Episode selbst muss jedoch älter sein als 1449 (1443?) da S. 298 der „Conte" de Sombrecet erwähnt wird.[20])

Von den Tivierschen Vermutungen, welche sich auf die Entstehungszeit des Stückes beziehen, kann ich keine als begründet gelten lassen.

[18]) Die Grösse des letzten Zwischenraums (711—79) erklärt sich daraus, dass derartige Stellen hier eben nicht vorkommen.
[19]) Zum Ueberfluss weisst die Stelle V. 6852 ff. (S. 264/7) einmal nur aab ccb statt der 12zeiligen Strophe auf.
[20]) von Viriville (S. 10) übersehen. — Da das Myster ausser den eigentlichen Belagerungs-Scenen noch die Kämpfe bei Jargeau, Beaugency, Meung, Janville und Patay enthält, so sind auch hier spätere Anfügungen wahrscheinlich; doch ist es mir nicht möglich, Beweise zu liefern.

Der terminus ad quem, den er auf 1458 setzt, weil in diesem Jahre Alençon, der im letzten Viertel des Mysters eine der wichtigsten Rollen spielt, wegen Hochverrats hingerichtet wird, hat keine Bedeutung, da wir aus andern Gründen dafür das Jahr 1439 angesetzt haben.

Dass der terminus a quo 1453 sein soll, weil der Tod Talbots, der in dieses Jahr fällt, im Stücke prophezeit wird, kann ich — auch abgesehen davon, dass unser eben genannter terminus ad quem damit unvereinbar wäre — ebenfalls nicht unterschreiben.

Die Stelle „que tu mourras des gens du Roy" (V. 12094) ist doch zu allgemein und kurz gehalten; die Todesandrohung ist ein beliebtes Schreckmittel der über die Beschimpfungen aufgebrachten Jeanne: ausser Glasdale (V. 11966) müssen sämmtliche Hauptleute kurz zuvor (V. 11905 und 12030) und gleich darauf V. 12101) dieselbe Drohung über sich ergehen lassen; das Ganze geht so natürlich aus dem Zusammenhang hervor, dass diese Verse sicher nicht als Prophezeiungen post facta, sondern als allgemeine und durch die Umstände nahegelegte Drohungen aufzufassen sind.

Aber gesetzt auch, dass der Vers eine Prophezeiung enthielte, so würde er doch für jene Behauptung nicht ausreichen, da er erst nach 1453 durch eine leicht zu bewerkstelligende Textänderung seine derzeitige Fassung erhalten haben könnte. [21])

Verschiedene Verfasser will Tivier (S. 39 ff.) im Myster daran erkennen, dass einige Personen an anderem Orte später wieder auftreten, als wo sie sich zuletzt befanden, ohne dass diese Ortsveränderung irgendwo angedeutet wäre. Solche Verschiebungen der Localität und des Personalbestandes konnten bei der unübersichtlichen Ueberfülle des eintönigen Stoffes gar leicht unterlaufen und ebensowohl ein und demselben Verfasser wie mehreren passieren.

Ferner sind die vielfachen Stellen (V. 10063, 11902, 12028 etc. etc.), in denen Jeanne ihre hohe Mission verkündigt oder Frankreichs künftigen Siegerruhm preist, Tivier ein Beweis, dass unser Stück nicht in den 30er Jahren entstanden sein könne.

Ist denn aber jene Missions- und Siegverkündigung erst eine Zuthat des Dichters? Und rühren sie nicht vielmehr von Jeanne selber her, die von ihrer Mission und dem Sieg der Franzosen von vornherein überzeugt war? That der Dichter also etwas Anderes, als dass er ihre eigenen Gedanken in Verse kleidete?

---

[21]) Mourras etwa für früheres fuiras oder dergl.

## B. Aufführungen.

Wenn wir den Tivierschen Aufführungen weiter folgen, stossen wir auf die noch zu erledigenden Fragen: Wann ist der ältere Teil des Mysters begonnen, und wann ist er zuerst dargestellt?[22])
Zur Lösung dieser Fragen möchte ich eine Tiviersche Beobachtung (S. 37 ff.) benutzen, die dieser freilich in ganz anderem Sinne verwandt hat.

Im Jahre 1429 fiel der 7. Mai, der Tag des Tourelles-Sturmes, auf einen Sonnabend; die Aufhebung der Belagerung vollzog sich am Tage darauf, also am Sonntag, dem 8. Mai. Nun aber findet sich im Myster, und zwar im älteren Teil, 2 mal für diesen Sonntag der 9. Mai als Datum angegeben: V. 14329 (wo freilich eine spätere berichtigende Hand die ursprüngliche IX in eine VIII umgeändert hat) und 14380, wo „neuf" sogar im Reime steht (:l'an mil IIIIc XXIX.)

Mit Zuhülfenahme einer Bemerkung Quicherats (V. 297) erklärt Tivier diese Verschiebung nun sehr einleuchtend wie folgt: Das Stück ward sicherlich an einem Sonntag gespielt; einmal wegen seiner zeitraubenden Länge, dann besonders weil an einem Sonntag jene folgenschwere Kriegsthat vollführt war, und das Mittelalter die Gewohnheit hatte, Gedenktage eher dem Wochentage als dem Datum nach zu feiern. Nun fiel in einem Aufführungsjahr der Festsonntag auf den 9. Mai. Irrtümlicherweise, sagt Tivier, setzte deshalb der Verfasser auch für den Sonntag des Jahres 1429 im Myster den 9. Mai ein.

Ich möchte noch begründend hinzufügen: Er that es als echter Sohn seiner Zeit hauptsächlich, um den lebendigen Eindruck der That, die gleichsam heute, am Aufführungstage, geschehen sei, zu erhöhen, zumal die Worte Jeannes — man lese die Stellen! — hier weniger an die Mitdarsteller, als vielmehr in pathetischer Festrede an die Zuschauer selbst gerichtet sind. Der Verfasser brachte also die historische Genauigkeit dem momentanen Eindruck zum Opfer.

Tivier sucht nun die Jahre des 15. Jahrhs. auf, in denen der 9. Mai ein Sonntag war; er findet 1434, 1445, 1456.[23])

---

[22]) Die ganze Anlage des Mysters verrät, dass es allein und eigens zum Zweck einer Aufführung gedichtet ist. Schon ein Blick auf die genauen scenarischen Anweisungen lehrt das.
[23]) Selbstverständlich ist dieser Fund höchst ungenau. Das 15. Jahrhundert weisst noch 11 andere Jahre von gleicher Eigenschaft auf, so das Jahr 1451. — Diese und die nachfolgenden Daten sind nach Grotefend, Zeitrechnung I (Hannover 1891) revidiert, resp. gefunden.

Aus seinen oben angeführten Gründen entscheidet er sich für 1456.

Da aber die 2 Stellen (die eine im Reim!), für deren Interpolation auch nicht der geringste Grund vorliegt, im älteren Teil stehen, also mit ihm vor 1439 entstanden sein müssen, so ergiebt sich: 1434, als das einzig wählbare unter jenen Jahren, ist das erste Aufführungs- und das Entstehungsjahr unsereres Mysters.

Die Rechnung, welche dann die Herausgeber und Viriville (übrigens auch schon Quicherat V, 309) aus dem Archiv des Rathauses zu Orléans mitteilen,[24]) wo am 8. Mai 1435 Ausgaben für ein Gerüst und andere Sachen zur Darstellung eines certain mistaire gebucht sind, macht die Aufführung auch in diesem Jahre hochwahrscheinlich, umsomehr als der 8. Mai 1435 auf einen Sonntag fiel.

Aus den folgenden Jahren sind keine Nachrichten erhalten; doch ist nicht ausgeschlossen, dass auch hier mit der jährlichen Procession zum Andenken an 1429 sich Aufführungen unseres Stückes verbunden haben.

Ueber 1439 erhalten wir wieder Aufschluss: Am 13' April wird ein Maler bezahlt für Anfertigung von Waffen, einer Lilie und zweier Godons,[25]) pour faire la feste du lievement des Tourelles. Da der 13. April[26]) weder ein Gedenk-, noch Sonn- oder Festtag war, so ist unter ihm nur der Zahltermin an den Maler zu verstehen und das Myster, wenn die Urkunde sich darauf bezieht,[27]) erst später aufgeführt.

Ferner ist aus demselben Jahre die Notiz erhalten, wonach dem Monseigneur de Reys eine Fahne abgekauft wird, pour faire la maniere de l'assault comment les Tourelles furent prinses sur les Anglois, le VIIIe jour de may.

Die Vermutung ist also nicht von der Hand zu weisen, dass zur Feier dieses Tages das Myster wiederum aufgeführt sei. Diese Vermutung wird fast zur Gewissheit, wenn man den von den Herausgebern S. XIII abgedruckten Passus aus einer Denkschrift der Erben des Reys in Betracht zieht, wonach er ein Jahr in Orléans verweilte — also doch wohl 1439, wo er dort seine Fahne verkaufte — und Pfingsten und Himmelfahrt Mysterien daselbst spielen liess.

Was ist also wahrscheinlicher, als dass 1439 unser Myster am Himmelfahrtstage oder zu Pfingsten, also am

---

[24]: Auch die unten erwähnten Rechnungen finden sich bei allen dreien.
[25]) Goddams, Figuren, die Engländer vorstellen sollten.
[26]) So die Herausgeber. Quicherat V, 310 giebt den 23. April an. Auch von ihm gilt das vom 13. April Gesagte.
[27] Die Verwendung der bemalten Figuren scheint fast auf bildliche oder stumme Darstellung zu deuten.

14. oder 24. Mai aufgeführt ward, statt am 8. Mai, um auch Auswärtigen Gelegenheit zu geben, das seltene Schauspiel zu sehen?
Ueber 1440 liegen wieder keine Nachrichten vor.
Der schmachvolle Sturz Rais', der dann (Oct. 1440) eintrat, hatte wohl zur Folge, dass die ersten Jahre nachher von einer Aufführung Abstand genommen wurde.[28]
Fernerhin verlassen uns alle direkten Zeugnisse über Aufführungen.
Doch sind die hier einsetzenden Virivilleschen Vermutungen (S. 16) nicht grundlos: V. glaubt, dass die verschiedenen Ablässe,[29] mit denen Orléans 1452, 1453, 1474, 1482 begnadet wurde, wohl bewirkt haben könnten, dass zu den jährlichen Processionen zur Feier des 8. Mai eine ungewöhnlich grosse Menschenmenge hinzuströmte, was dann wieder eine Vergrösserung des Festes eben durch die Aufführung des Mysters zur Folge gehabt haben könnte.
Bei Gelegenheit einer solchen wurde dann auch der erste Teil (V. 1—5330) hinzugedichtet.[30]
Ob nun 1452 und 1453 wegen der Erinnerung an Rais schon eine Aufführung wieder möglich gewesen ist, wage ich nicht zu entscheiden.
Jedenfalls werden die Aufführungen nach 1458, dem Unglücksjahre Alençons, erst wieder eine Zeit geruht haben, gerade wie 1440.
Nun kämen noch 1474 und 1482 in Frage, — Zeitpunkte, die meiner Meinung nach nicht nur der Hinrichtung Alençons, sondern auch selbst der von Rais fern genug lagen, um eine Rolle auf der Bühne trotz seiner abscheulichen Verbrechen wieder möglich zu machen.
Der Aufführung im Jahre 1474 (oder 1482) könnte dann auch sehr wohl unser Ms. zu verdanken sein. Die Meinung der Herausgeber betreffs der Paläographie des Ms. — sie glauben, das es um 1470 niedergeschrieben wurde —[31] würde hiermit übereinstimmen.[32]

[28] Deshalb ward wohl am 8. Mai 1446, einem Sonntage, das Mystère Saint Etienne (G. et de C., S. IX) als Ersatz dargestellt; so Viriville, der zu gleichem Zweck auch auf die 1441 (?) geschehene Entlarvung der falschen Jeanne (de Lis) hinweist.
[29] Abgedruckt bei Quicherat V, 299—308.
[30] Doch hat das Myster jedenfalls 1452 oder 1453 seine jetzige Gestalt noch nicht völlig besessen, da auf diese Chroniken eingewirkt haben, die nicht vor der Mitte der 50er Jahre geschrieben worden sind.
[31] Quicherat (V, 701 setzt die Abfassungszeit der Hs. allerdings erst in den Anfang des 16. Jahrhunderts.
[32] Zu bemerken ist, dass 1474 der 8. Mai ein Sonntag war; es liegt also nahe anzunehmen, dass zu diesem Datum der „9. Mai" jenes Verses 14329 wieder in den „8. Mai" umgebessert ist.

## C. Verfasser.

Sicherlich ist das Myster in Orléans entstanden (Tivier, S. 44 f.)

Auch haben die Herausgeber und Tivier recht, wenn sie an mehrere überarbeitende Verfasser glauben (s. o.)

Viriville und Tivier suchen nun aber jeder einen bestimmten Dichter, dem das Hauptverdienst zuzuschreiben sei, zu entdecken.

Beider Versuche müssen jedoch als nicht gelungen bezeichnet werden.

Viriville hält einen gewissen Jehan de Mascon, welcher nach ihm in der Zeit vor 1450 Kanonikus der Kathedrale von Orléans gewesen sein soll, für den gesuchten Hauptverfasser.

Dieser Jehan de Mascon wird in der Festchronik, die Viriville zuerst als Vorlage des Mysters erkannt hat, als derjenige bezeichnet, welcher die Jungfrau bei ihrem Einzug in Orléans prüft. Viriville hält ihn zunächst für den Verfasser der Festchronik [33]) und fusst seine Ansicht darauf, dass Jehan de Mascon sich sonst nirgends erwähnt finde, [34]) sowie darauf, dass die Autoren des 15. Jahrhs. zwar anonym schrieben, ihre Person aber gern an irgend einer Stelle ihrer Werke in die Handlung verflöchten.

Diese Argumentation ist nun schon ziemlich gewagt denn wie viel Autoren könnte man auf diese Weise nicht fabrizieren!

Geradezu waghalsig erscheint es mir aber, wenn Viriville nun auch annimmt, Jehan de Mascon habe das Myster verfasst — einzig deshalb, weil die Doctoren der Theologie oft mit ähnlichen Aufträgen betraut wurden und die Uebereinstimmung (?) der Chronik und des Mysters auf die Identität der Verfasser hinweise!

Uebrigens giebt V. selbst den stark conjecturalen Charakter seiner Ansicht zu. Sie bedarf keiner weiteren Widerlegung.[35])

Tivier seinerseits glaubt auf Grund mancherlei formaler und inhaltlicher Aehnlichkeiten unseres und des Mysters „Destruction de Troie" von Jacques Millet auch ersteres seinem Grundstock nach diesem Dichter zuweisen zu müssen.

---

[33]) Viriville hat wohl übersehen, dass auch schon Quicherat dasselbe vermutet; V, 291.

[34]) Das ist ein Irrtum. Der Bürger Commy aus Orléans nennt Jehan de Mascon in seiner Aussage im Rehabilitations-Process. (Quicherat III, 27.)

[35]) Ein sich sofort aufdrängender Gedanke ist u. a. der: Warum findet sich dann J. de M. nicht im Myster erwähnt, während er sich doch in der Chronik (falls er sie verfasst hätte) nennt?

Aber schon Becker hat durch eine sprachliche Untersuchung[36]) beider Mysterien grössere grammatische Differenzen aufgedeckt, als mit der Annahme eines Verfassers vereinbar sind.

Nach ihm reimt O (Siège d'Orléans) weit ungenauer als T (Destruction de Troie), denn er kommt zu dem Resultat, dass O in seinen 20529 Versen 21 mal assoniert statt reimt und 4 mal weder assoniert noch reimt, während er in T für beide Arten nur je ein Beispiel findet. [37])

Ausserdem weicht, wie die Reime ergeben, die Sprache beider Mysterien in wesentlichen Punkten von einander ab. B. führt 26 solcher Verschiedenheiten auf. Dies ein indirekter Gegenbeweis.

Aber auch Tiviers Gründe selbst sind anfechtbar.

Die formalen und inhaltlichen Aehnlichkeiten beider Mysterien lassen sich leicht durch die stoffliche Verwandtschaft [38]) ohne Zuhülfenahme der Verfasser-Identität erklären.

Die äusserlich sich ähnelnden oder auch ganz übereinstimmenden Sätze, die Tivier dann in grosser Zahl anführt, sind entweder zufällig durch gleiche Situationen veranlasst — man berücksichtige auch den grossen Umfang und zugleich die sprachliche Armut und Ungewandtheit beider Mysterien! —, oder sie sind erstarrte Formeln, alltägliche Wendungen; anders können wenigstens die vielen Beispiele des VI. Cap. nicht beurteilt werden. [39])

Wie voraus zusehen war, ist also der Name eines bestimmten Verfassers überhaupt nicht mehr zu ermitteln.

[36]) K. Becker. Die Mysterien Le S. d'O. und La D. de T. la Grant, Marburger Diss. 1886.

[37]) Uebrigens sind von B. eine bedeutende Zahl beider Arten in O übergegangen, so dass wenigstens die auf O bezüglichen Zahlen der Wahrheit nicht entsprechen. Hinzuzufügen wäre z. B. noch:
V. 5783, 6654, 8101, 10903, 12488 sind uncorrigierbare Assonanzen.
V. 1513, 5179/81, 18081, 18124, 18236, 19290, 20202 zeigen weder Assonanz noch Reim.
Verbessert muss werden: V. 1435 (j'ay commandé statt je commande), (13288 plaisance st. plaisir), 16887 ist zu streichen, 17249 und 50 sind umzustellen.
(Die sehr oft falschen Ziffernangaben sind wohl Druckfehler.)
Doch bleibt der Schluss als solcher bestehen und wird ausserdem durch B.'s 2. Resultat erhärtet.
Auch die Reimgrammatik kann allerdings auf Vollständigkeit der Belegstellen keinen Anspruch erheben. Berichtigungen und Erzänzungen würden hier zu weit führen, zumal ein kritischer Text von T. noch fehlt.

[38]) S. 230 ff. zeigt T. selber sehr hübsch die zahlreichen Analogieen in den Fabeln beider Stücke. Er hätte selber zugeben müssen, dass die Aehnlichkeiten aus der Stoff-Verwandtschaft entspringen.

[39]) Wenn man durchaus eine Beeinflussung von O auf T oder von T auf O annehmen will, so ist die erstere Möglichkeit noch am wahrscheinlichsten. Millet, der bekanntlich nach 1450 schrieb, könnte sich von O, welches in seinem grösseren Teil schon vor 1439 fertig war, haben beeinflussen lassen.

## D. Quellen.

Als Quellen [40]) des Mysters werden gewöhnlich bezeichnet: Die „Geste des nobles Françoys", die „Chronique de la Pucelle" und das „Journal du Siège"; Viriville a. a. O. hat ihnen noch die „Chronique de l'établissement de la fête du 8 mai" hinzugefügt.

Die Meinungsverschiedenheiten mehrerer Forscher [41]) über das Verhältniss, in dem diese Quellen zu einander stehen — es handelt sich im Wesentlichen um die gegenseitige Beeinflussung der Chr. de la Pucelle und des Journal — liegen unserer Aufgabe ferner. Uns interressiert hier nur die Behauptung Quicherats (V, 79), das Myster sei weiter nichts als eine Versification des Journals. [42])

Ihr sind Guessard und de Certain (S. XX. ff.) entgegengetreten.

Sie weisen eine Reihe von (leicht noch zu vermehrenden) Differenzen des Mysters und des Journals nach, die allerdings ein einfaches Abschreiben höchst unglaubwürdig machen. Bedenkt man ausserdem, dass das Journal erst 1467 entstanden ist (Quicherat V, 95) so scheint eine Benutzung des Journals, wenigstens für den älteren Teil des Mysters, überhaupt undenkbar.

Dagegen ist die Ansicht, welche die Herausgeber zuerst ausgesprochen haben, sehr plausibel; dass nämlich ein über die Belagerung von 1429 Buch führendes, uns aber verlorenes Register, nach welchem Quicherat zufolge (V, 95) das Journal ziemlich genau sich richtet, auch dem Myster zur Vorlage gedient habe.

Betreffs der Geste des nobles Françoys und der Chronique de la Pucelle hat der Herausgeber Viriville festgestellt, dass beides Teile einer noch im 16. Jahrh. vorhanden gewesenen, jetzt verlorenen welthistorischen „Chronique de Cousinot de Montreuil" gewesen seien, und zwar habe die Geste (verf. von Cousinot le Chancelier 1429) den Anfang gebildet, die (nach 1456 von dem jüngeren Cousinot de

---

[40]) Es versteht sich, dass ein dramatisches Gedicht wie das unsrige seinen Quellen nicht wörtlich folgen kann. Vielfach treten z. B. Personen auf, die am entsprechenden Ort der Quellen nicht genannt sind, und auch der Inhalt ihrer oft recht ausgedehnten Reden lässt sich durchaus nicht immer genau in den Vorlagen verfolgen.

[41]) Quicherat IV., 203 f. (vgl. auch 94 ff.): Vallet de Viriville, Chr. de la Pucelle ou Chr. de Cousinot, Paris 1859, S. 57 ff.; Beckmann, Forschungen u. s. w. S. 27 ff. (B. der sich oft sehr bitter gegen Qu. ereifert, hätte auch angeben sollen, wo er diesen hochverdienten Forscher ausschreibt); Mabrenholtz, a. a. O. S. 119 ff.

[42]) Diese Behauptung stellt er wohl in Analogie zu dem Verhältniss von Martial d'Auvergne und der Chartier-Chronik auf; vgl. u. Nr. II.

Montreuil geschriebene [?]) Chronique de la Pucelle sei eine teilweise wörtliche Ueberarbeitung und Fortsetzung jener Geste und verloren gegangener Teile.

Diese letztere Chronik (de la Pucelle) — von der Tivier (S. 114 ff.) zahlreiche Verschiedenheiten gegenüber dem Myster konstatiert — steht also ebenso zu dem Myster, wie das Journal.

Mithin sind als Quellen für den alten, grösseren Teil des Mysters zu bezeichnen: Jenes alte Register, die Geste und auch wohl verlorene Teile der Chronique de Cousinot.

Einzelparallelen würden dies nur bekräftigen, sind aber überflüssig, da sie nur schon bekannte Thatsachen bestätigen würden.

Für den späteren, ersten Teil (vielleicht erst kurz vor 1474) ist die Benutzung der Chronique de la Pucelle und des Journal wohl möglich, ja sehr wahrscheinlich.

In Einzelheiten mögen diese Chroniken wohl auch auf die Ueberarbeitung des zweiten Teils eingewirkt haben.

Ein etwas verwickeltes Sonderproblem bietet die Frage nach dem Ursprung der Gaquet-Verdille-Episode.

Bekanntlich wird in ihr allein der „Conte" von Sommerset erwähnt. Das Journal ist die einzige erhaltene Quelle, welche diese Episode enthält,[43]) aber es nennt Sommerset überhaupt nicht.

Stammt die Episode nun wirklich aus dem Journal, ist sie also nach 1467 geschrieben?

Welch einen unerklärlichen Anachronismus hätte aber dann der Ueberarbeiter in der Titulatur Sommersets begangen!

Es bleibt also nur der Ausweg offen, eine Ueberarbeitung nach dem verlorenen Register anzunehmen, in welchem der Conte de Sombrecet wohl vorgekommen sein wird.

Wann ist nun das Register in dieser Weise ausgenutzt? Nach 1449 (1443)? Dann würde doch wahrscheinlich der Titelfehler berichtigt sein.

Also vor diesem Datum!

Da nun aber die diese Episode enthaltenden Blätter in unser Myster-Ms. unleugbar erst nachträglich eingesetzt sind — man erinnere sich des weissen Blattes, welches im Ms. folgt! — so bleibt nur folgende, freilich etwas gezwungene Annahme übrig:

Vor jenem Datum sind die Episoden nach dem Register geschrieben, aber in unser Ms. sind sie (oder eine

---

[43]) Das Myster setzt sie gerade vor den Tag von Rouvray-Saint-Denis (12. Febr. 1429), das Journal giebt den 31. Dezbr. 1428 an.

wörtliche Copie von ihnen) erst ganz spät, vielleicht Anfang der 70er Jahre eingefügt.

Die Chronique de l'établissement de la fête du 8 mai [14]), welche Viriville (Éc. des Ch. V) anführt, muss nach 1453 datiert werden; denn (cf. Viriville, S. 6) abgesehen davon, dass in ihr der Bastard als Dunois auftritt, folgen ihr im Ms. die Ablassverkündigungen von 1452 und 53 (s. o.) und steht am Schluss eine Bekräftigung der Wahrheit des Erzählten, und zwar deshalb, weil „ily a pour le présent de jeunes gens qui à grant paine pourroient ilz croire ceste chose ainsi advenue."

Die Stellen nun, welche nach Viriville die Einwirkung der Quellen auf das Myster erweisen, sind: 1) Der Beginn der Handlungen beider Werke in England (englischer Heerführerrat, Bitte des gefangenen Herzogs Karl von Orléans um Schonung seines Landes), 2) die Prophezeiung an Glasdale, 3) beider Schluss: Einsetzung der Processionsfeier.

Die Scene in England findet sich auch in der Pucelle-Chronik; [15]) doch eröffnet sie hier nicht das Werk, auch fehlt der englische Feldherrnrat; — deshalb ist eine Entlehnung aus der Chronique de l'établissement etc. hier nicht zu leugnen.

Die beiden letzten Gründe scheinen nur weniger stichhaltig.

Die Prophezeiung, welche im Myster Maistre Jehan des Boillons an Glasdale und Salisbury verkündet, muss anderswoher [16]) stammen. Denn in der Festchronik findet sich von einer Prophezeiung an Salisbury gar nichts, und der seitenlangen an Glasdale entsprechen in der Chronik bloss die Worte et là fut accompli la prophétie que on avoit faict au dit Clacidas, c'est assavoir la Pucelle (sic!), qu'il mourroit sans seigner [17]) (S. 294.)

Der Schluss des Mysters, so ähnlich er auch dem der Chronik sieht, kann gleichfalls nicht daher stammen; sonst müsste er nachträglich angefügt sein, und dann würde sicher nicht der Titel „Dunois" in solch einem feierlichen Akt fortgelassen sein (V. 20468.) Man kann sich übrigens

---

[14]) Abgedruckt bei Quicherat V, 285 ff)
[15]) Virivilles Ausgabe, S. 255.
[16]) Eine normannische Chronik (Quicherat IV, 345) erwähnt den magicien maistre Jehan de Meun und seine Prophezeiung an den comte de Salbery. Bei Simon de Phares (Astrologiens célèbres) prophezeit Maistre Jehan des Builbons dem „comte de Salisbury et autres." — Beide Werke sind wegen der Unvollständigkeit ihrer Angaben nicht wohl als Quellen anzusehen.
[17]) Höchstens in dem „sans seigner" des V. 1600 könnte eine Reminiscenz an die Chronik enthalten sein. — Uebrigens weist auch das „Journal de Paris" eine (1429 geschriebene) ähnliche Stelle auf (Quicherat IV, 463).

auch sehr wohl eine mündliche Quelle statt jeder geschriebenen in der Art vorstellen, dass dieses Ende früh (vor 1439) gedichtet sei [48]) im Anschluss an die Procession, die sich ja jedesmal mit der Aufführung verband.

Dagegen habe ich noch einen Zug zu erwähnen, der nur Festchronik und dem Myster eigen ist, und der zu beweisen scheint wie Einzelnes der Festchronik bei der Ueberarbeitung auch für den älteren Teil verwendet worden ist.[49]) Während alle anderen Chroniken, soweit sie den Umstand überhaupt erwähnen, die Tourellesbrücke von den Franzosen gesprengt werden lassen, will es nach der Festchronik (S. 294) und dem Myster (V. 12479 ff. und 12943 ff.) ein tragisches Verhängnis, dass derselbe Glasdale, der sie um den Franzosen zu schaden, haltlos machen lässt, durch ihren Einsturz seinen Tod findet. (S. 523.)

Die Möglichkeit, dass auch noch andere kürzere Chroniken [50]) früher oder später benutzt seien, ist wegen des ähnlichen Inhalt und der Verwandtschaft, in der sie teilweise zu den obigen Chroniken stehen, weder sicher zu erweisen, noch auch ohne weiteres zu verneinen.

Schliesslich bleibt noch zu erwähnen, dass die Himmels-Scenen (S. 264—272, 351—352, 488—492) jedenfalls nicht direkt auf die historischen Vorlagen zurückgehen, sondern als eigene Zuthaten des Verfassers anzusehen sind. Die vielen Beziehungen seines Stoffes zum Ueberirdischen und der feststehende Brauch der mittelalterlichen Bühne mussten ihm aber geradezu die Einflechtung solcher Scenen aufdrängen.

---

### Resultate.

Vor 1439, wahrscheinlich um 1433, entstand V. 5331 bis Schluss; nach 1449 (1443) wahrscheinlich aber erst um die Wende des 7. Jahrzehnts, ward V. 1—5330 angefügt.

Der ältere Teil scheint seinerseits von 2 Dichtern verfasst zu sein; bis in das 9. Zehnt des 5. Seitenhunderts

---

[48]) Oder sollte für die Festchronik eine ähnliche Vorlage angenommen werden müssen, wie das Register für das Journal, und ist diese dann gleich zu Anfang für das Myster mit benutzt? Diese und die im flg. behandelte Stelle scheinen fast darauf zu deuten.

[49]) Oder hat die letzte Anm. recht?

[50]) In Auszügen meist abgedruckt bei Quicherat IV; vgl. auch Beckmann a. a. O., Mahrenholtz, Cap. IX.

würde dann das Werk des ersten Dichters reichen, den Rest ein zweiter gleichzeitiger Dichter abgefasst haben.

Aus dem Eigentum des ersteren ist jedoch die Gaquet-Verdille-Scene (S. 281—304) als spätere Interpolation auszuscheiden. Dieser Einschub ist vor 1449 (1443) geschrieben, aber wohl erst in unserer Hs. hinzugefügt worden.

Unsere Hs. ist ca. 1470 angefertigt.

Aufführungen haben wahrscheinlich stattgefunden: 9. Mai 1434, 8. Mai 1435, 14. oder 24. Mai (Himmelfahrt oder Pfingsten) 1439, 1452 (?), 1453 (?), 8. Mai 1474, 1482 (?).

Ueber die Namen der Verfasser und Ueberarbeiter hat sich nichts feststellen lassen.

Der ältere Teil hat geschöpft aus dem verlorenen Register, der Geste des nobles Françoys und aus Teilen der verlorenen Chronique de Cousinot.

Diese Quellen wurden für den jüngeren, ersten Teil, und dann auch für die Ueberarbeitung des zweiten vermehrt um die Chronique de la Pucelle, das Journal du Siège und die Chronique de l'établissement de la fête du 8 mai.

## II.
## Vigiles du roi Charles VII
### par
### Martial dit d'Auvergne.

Biographisches, Ueberlieferung.

Martial entstammte einer Familie der Auvergne, war aber selber ca. 1440 in Paris geboren, woselbst er auch 1508 starb.

Ausser den „Vigiles" werden ihm noch zugeschrieben: Les Arrest d'amours, Paris 1525 (ed. Lenglet du Fresnoy, Amsterdam 1731)[1]).

L'Amant rendu Cordelier à l'observance d'amour (ed. Montaiglon in den Anciens textes français)

Dévotes louanges à la Vierge Marie.

Die „Vigiles du roi Charles VII" hat Martial 1484 zu Challiau bei Paris vollendet und dem zweiten Nachfolger des von ihm verherrlichten toten Königs, Karl VIII., gewidmet.

Soweit sie die Geschichte der Jungfrau betreffen[2]) sind die Vigiles abgedruckt bei Quicherat V, 51–78, sowie 17 Jahre später in einem Spezialdruck von Herluison[3]) und in der Collection du Panthéon littéraire.

Doch finden sich in dem Sonderdruck 19 Strophen, welche man bei Quicherat vergeblich sucht.[4])

Jede Strophe enthält 4 Verse und besteht aus 8silbigen kurzen Reimpaaren mit der Reimstellung abab.

---

[1] Birch-Hirschfeldt, Lit.-Gesch. I, 162.
[2] d. h. 219 Strophen.
[3] Sièges d'Orléans et autres villes de l'Orléanais. Chronique métrique relative à Jeanne d'Arc par Martial de Paris dit d'Auvergne. Orléans H. Herluison, éditeur; 1866; — in 100 Abzügen.
Wonach Qu. und H. gedruckt haben, war mir nicht möglich, festzustellen. H. glaubt sich zu erinnern, dass ihm der Neudruck im Panthéon vorgelegen habe. Die obigen biogr. Notizen nach beiden.
[4] Es sind unwichtige Zusätze: S. 32 sind 2 Strophen reflektierender Natur eingeschoben, S. 43 ff. behandeln 9 Strophen und S. 46 f 5 Strophen, einige Kampfepisoden; desgl. S. 50.

Die Original-Hs. der Vigiles liegt in Paris (Bibl. nat. 9677). Sie schliesst nach Quicherat mit den Worten: Expliciunt les Vigilles de la mort du feu Charles Septiesme à neuf pseaulmes et à neuf leçons, achevées à Challiau près Paris, la vigille saint Michel iiij c quatre vingtz quatre. Excusez l'acteur qui est nouveau. Marcial de Paris.

Die unbestimmten Angaben Quicherats über spätere Drucke präcisirt der Herluisonsche Spezialdruck am Schluss (S. 62ff.) wie folgt:

Die Vigiles sind zwölfmal im Laufe der Jahrhunderte gedruckt worden:

1) durch Jehan du Pré, Paris 1493 (8. Mai): „S'ensuiuent les vigilles de la mort du feu roy Charles septiesme, a neuf pseaulmes et neuf lecons, contenans la cronique et les faictz aduenuz durant la vie dudit feu roy, composees par maistre marcial de paris, dit dauuergne, procureur en parlement.

2) durch Pierre le Caron, Paris Ende des 15. Jahrh.\*)
3) durch Robert Bouchier, Paris, nach 1500.
4) durch Durand Gerlier, Paris, nach 1500.
5) durch Guillaume Eustace, Paris, nach 1500; am Schluss stehen die Verse:

Deu achater chascun
Son deuoir face
Dedens le pallays
Les vent Guillaume eustace.

6) Ausgabe ohne Namen, Ort, Jahr.
7) durch Michel le Noir, Paris 1505 (18. Juni)
8) durch denselben, Paris ohne Jahr (nach 1505)
9) durch die Witwe des Jehan Treperel, Paris.
10) durch dieselbe und Jehan Jeannot
11) hat Herluison eine Ausgabe von 1528 erwähnt gefunden.
12) durch Antoine-Urbain Coustelier, Paris 1724.

Quellen.

Quicherats Bemerkungen über die Quellen, aus denen Martial schöpfte, beschränken sich auf den Satz: Il rima la chronique de Jean Chartier avec une facilité qui lui valut la plus grande réputation (V, 51.)

\*) Die vollständigen Titelangaben sind überflüssig, da sie alle fast gleich dem obigen lauten. Vgl. den Spezialdruck von 1866.

Der Spezialdruck von 1866 giebt denselben Sinn in etwas anderer Form wieder; „Schritt für Schritt" ist nach ihm der Dichter diesem Chronisten gefolgt (S. VIII.)

In solch schroffer Form aber ist diese Behauptung völlig unhaltbar.

Allerdings muss als richtig anerkannt werden, dass die Chronik des Jean Chartier den hervorragendsten Platz unter den Quellen Martials einnimmt, dass der Dichter sie als Leitfaden benutzt und anderes ihm zur Verfügung stehendes Material durchaus nicht so gründlich verwertet wie sie.

Anmerkung: Jean Chartier, Mönch der Abtei Saint-Denis ist (nach du Fresne de Beaucourt, Les Chartier, recherches etc., Caen 1869) kein Bruder des Dichters Alain Ch. oder des Pariser Bischofs Guillaume Ch. Im Auftrage Karls VII. begann er 1437 seine Geschichte dieses Königs und vollendete sie nach dessen Tode (1461). Die Capitel, welche sich mit der Jungfrau befassen, zählen nicht zu den zuverlässigsten. Dass Chartier aus der Chr. de la Pucelle geschöpft, scheint mir Beckmann nicht absolut sicher nachgewiesen zu haben. Die beiden Processe hat der Chronist jedenfalls nicht gekannt. Sein Werk, 1477 als erstes französisch geschriebenes Buch gedruckt, ist frühzeitig in die grosse Chronikensammlung von Saint-Denis aufgenommen. — Vgl. Quicherat IV, 51,203; Beckmann a. a. O. S. 18 ff, 27 ff; nach ihm Mahrenholtz, S. 118. Vallet de Viriville,Chronique de la Pucelle, S. 62f. — J. Ch. herausgeg. von V. de Viriville 1858, sowie zum Teil Quicherat IV, 51 ff.

Der Gang der Ereignisse und diese im Detail stimmen zum grossen Teil mit Chartier überein, — solche schon längst erkannten Thatsachen bedürfen keines Beweises mehr.

Nichtsdestoweniger ist Martials Werk durchaus nicht als Versification der Chartier'schen Chronik zu bezeichnen, — das Folgende möge hiervon überzeugen.

Gang und Einzelheiten weisen eine Menge Abweichungen auf, die der Dichter entweder selbstständig oder anderen Wegweisern folgend sich gestattet hat.

## A. Selbstständig vorgenommene Abweichungen Martials.

### 1. Abweichungen dem Zweck des Werkes zu Liebe.

Das Werk sollte den „feu roy" und mit ihm das französische Volk und die französischen Waffen gegenüber dem Reichsfeind verherrlichen helfen. Demzufolge hat Martial mehrere historische Facta, die solchem Zweck entweder ungünstig oder förderlich waren, mit echt mittelalterlich weitem Schriftstellergewissen einfach zu vertuschen bezw. aufzubauschen sich bemüht.

Chartier erzählt (Quicherat IV, 58f.), dass die französischen Heerführer verschiedentlich Jeanne über ihre Absichten im unklaren liessen, weil sie sich von ihrer Einmischung nichts Gutes versprachen. Auch zürnten sie über die active Teilnahme der Jungfrau an den Kämpfen. All diese Zwistigkeiten, die schwerlich dazu beigetragen hätten, das Ansehen der französischen Kriegsleitung zu erhöhen, erwähnt Martial nicht mit einem Wort.

Ebenso hütet er sich wohl, den missglückten Seine-Uebergang des Königs bei Bray, der von einer gewissen Partei am Hofe angeraten war, zu berichten; denn über dieses Unternehmen hatten sich Jeanne und ihre Freunde, gegen deren Willen es in Angriff genommen war, schadenfroherweise „très joyeulx et bien contens" (IV, 79) gezeigt.

Die Chartiersche Angabe, dass die Franzosen vor la Charité den grössten Teil ihrer Artillerie verloren (IV, 91), findet sich bei Martial in abgeblasster Form wieder; sie belagerten es, sagt er, sans l'avoir ou la faire rendre (S. 72)[*])

Die Unkenntniss Jeannes betreffs der Fortificationsververhältnisse von Paris (IV, 87) wird übergangen.

Chartier berichtet ferner (IV, 89,90): Die franz. Besatzung in Saint-Denis flüchtet unter Preisgabe ihres Postens nach Senliz auf die einfache Kunde von der Ankunft fremder Truppen. Französische Kriegshaufen durchziehen plündernd und verwüstend die soeben aus englischer Herrschaft befreiten Landstriche ihrer eigenen Landsleute.

Von beiden Angaben findet sich bei Martial keine Spur!

Mit Ausschmückungen ist Martial noch freigebiger als mit Kürzungen.

Die Chartiersche Schilderung des Tourelles-Sturmes erweitert er durch die Strophe:

Et là le conte de Dunoys
L'admiral, Poton et la Hyre,
Gaucourt et autres chiefs françoys,
Firent grant vaillance à voir dire (S. 56.)

Troyes hatte, wie Chartier wahrheitstreu meldet, erst nach ziemlich langer Belagerung durch den König darein gewilligt, sich gutwillig zu öffnen. Martial, der die Bürger nicht dem Vorwurfe der Felonie preisgeben will, behauptet einfach:

---

[*]) Die Vigiles werden, wie Chartier, hier und im flg., falls es nicht ausdrücklich anders angegeben ist, nach Quicherat als dem am bequemsten zugänglichen Ort citiert.

> Ces bourgois de Troyes bien vouloient
> Eulx rendre au roy entièrement;
> Mais les Anglois les empeschoient
> Tant qu' ilz povoient incesamment (S. 61.)

Als endlich nach der Uebergabe der Stadt die englische Besatzung abzieht, en devoient — so berichtet Chartier IV, 76 — emmener leurs prisonniers; mais laditte Jehanne les leur osta à la porte; et faillist que le roy contantast yceulx gens d' armes de leurs finances.

Was thut Martial?

In 10 Strophen (S. 63, 64) führt er aus: Die als Gefangene fortgeführten Franzosen flehen kniefällig und in rührenden Worten die Jungfrau an, sie nicht ins Elend ziehen zu lassen. Die rohen Engländer protestieren, auf ihr Recht pochend. Der König kommt hinzu, hört es und lächelnd über den Streit bezahlt er das Lösegeld zur beiderseitigen Zufriedenheit. Die ob solchen Edelmutes erstaunten Engländer können sich nicht genug thun in Lobeserhebungen eines solchen Fürsten. Manche der Franzosen aber sehen die Sache in anderm Lichte: sie hätten die schurkischen Feinde lieber gehängt oder ertränkt als bezahlt gesehen. Aber, endet Martial,

> Hà! déa! ce n'est pas la forme
> De gens payer et les guider;
> Ainçois convient à chascum homme
> Son droit et la raison garder.

Wenn drei dürre Worte zu einem Bilde von solch dramatischem Leben umgeschaffen werden, so wird das niemand einfaches Versificieren nennen können.

Mehrfach gelangt bei Martial die Freude der vom Feindesdruck befreiten und der Heimat wiedergegebenen Städte zu lebhaftem Ausdruck, wovon sich in den Quellen nichts findet: vgl. S. 64, Strophe 7; S. 65, Str. 5; S. 68, Str. 4,5.

Die Stadt Choisy, die vom Herzog von Burgund und englischen Feldherren „par composicion" genommen wird,[1]) fällt nach Martial (S. 73) durch schmähliche Bestechung ihres Capitäns.

Wie wertvoll den Engländern der Fang der Jungfrau ist, verdeutlicht Martial durch die Strophe:

> Si en firent après leurs monstres,
> Comme ayans très fort besongné.
> Et ne l'eussent donnée pour Londres
> Car cuidoient avoir tout gaigné. (S. 74).

Auch folgende Strophe soll dazu dienen, das Bild der Jungfrau zu heben:

---

[1]) Dieses Factum verzeichnet übrigens nicht Ch., sondern Berri; IV. 49, s. u.

Elle estoit très douce, amyable,
Moutonne, sans orgueil n'envie,
Gracieuse, moult serviable,
Et qui menoit bien belle vie (S. 75.)

2. Sonstige Ausslassungen und Kürzungen.

Martial hat auch mancherlei Kürzungen an seinem Vorbilde durchgeführt, wenn die metrische Form, der Reim oder der kompendiöse Charakter seines Werkes dies erheischten.

Besonders rücksichtslos springt er mit den Namen um: Es kommt ihm nicht darauf an, eine ganze Reihe derselben, ja auch alle der Kürze halber auszulassen, einen andern des Reimes halber einzusetzen, ja ohne irgend eine sichtliche Veranlassung Confusion in sie zu bringen.

Die Begleitung Jeannes auf dem Wege nach Orléans bilden nach Chartier (IV, 53): le sire de Raix, messire Ambrois, sire de Loré et pluiseurs aultres; Martial (S. 53, Str. 2) nennt nur: Loré et autres gens de guerre.

Von den 8 hervorragenden Edelleuten, die sich nach Chartier (IV, 64) um Alençon und Jeanne vor Jargeau scharen, erwähnt Martial nicht einen.

Auch die Namen der Herzöge von Alençon, Bourbon und des Grafen von Vendosme, die mit Karl einen Rat vor Troies halten, sowie den des ausschlaggebenden messire Robert le Maschon (IV, 73, 74) unterdrückt der Dichter (S. 61) obwohl er die Ereignisse, in denen sie eine Rolle spielen, kennt.

Dasselbe widerfährt den Namen von 8 Edlen bei la Chapelle-Saint-Denis (IV, 86 — S. 70 Str. 2).

Auch der Bischof von Therouenne, auf dessen Befehl die Engländer den Kirchenraub zu Saint-Denis vollführen (IV, 89), sowie der Capitän von la Charité (IV, 91) und die Compiègne belagernden Feldherren (IV, 92) bleiben ungenannt (S. 71, Str, 6; S. 72 Str. 2; S. 73, Str. 6.)

Zweimal hat Martial eine Reihe von Namen durch andere ersetzt*): Nach Chartier wohnen der Versammlung in Gyen bei: Alençon, Bourbon, Vendosme, Laval, Trimolle, Raiz, Breth, Lochac. Der Dichter hat die 5 letzten gestrichen und Dunois, Richemont, La Hyre, Poton an ihre Stelle gesetzt (S. 59.)

---

*) Diese Differenz lässt sich wohl am leichtesten durch Einfluss mündlicher Tradition erklären.

An denselben Stellen werden auch die von den Engländern besetzt gehaltenen Striche aufgezählt. Chartier nennt: Picardie, Champaigne, Isle de France, Brie, Gastinois, Aucerrois, Bourgogne. Martial nennt statt des letzten noch: Troyes, Chaalons, Normandye.

Der gedrängten Darstellung zu Liebe hat Martial eine grosse Zahl von Kürzungen und Auslassungen in der Erzählung angebracht. Da sie sich in fast ununterbrochener Reihenfolge durch den gesamten Text ziehen, so würde eine vollständige Aufzählung beide Texte lückenlos nebeneinander stellen müssen. Daher mögen nur die auffallendsten genannt werden.

Die Hauptkämpfe vor Orléans am 6. und 7. Mai, welche bei Chartier (IV, 60 ff.) 2½ Seiten einnehmen, comprimiert Martial in 10 Strophen. (S. 54, Str. 9 ff.)

Im Rate vor Troies hält Robert le Maschon eine Rede von ³⁄₄ Seiten Umfang (IV, 74). Das Gedicht enthält über ihn die 3 Zeilen:

Mais ung entre autres alla dire
Qu'on devoit oyr la Pucelle
Pour la conclusion eslire (S. 61.)

Dies Beispiele für Kürzungen. Von Auslassungen seien erwähnt:

In den Bericht über den Marsch nach Rayns flickt Chartier (IV, 70) eine ausführliche Beschreibung der Lebensweise Jeannes ein. Gleich darauf (IV, 71) werden die Soldaten gelöhnt. Von beiden nichts bei Martial!

Gleiches ist zu sagen über die Einzelheiten des Krönungsfestes (IV, 77 Schluss).

Die vielfachen Kreuz- und Querzüge der Engländer, um König Karl Schach zu bieten, vereinfachen sich bei Martial.

Bedfords Märsche nach Corbueil und Melun, Karls Lager in La Mote de Longiz (IV, 78 f.) finden sich dort nicht, Bedfords zweimaliger Aufbruch von Paris und seine Rückmärsche dahin nebst den dazwischen liegenden Ereignissen (IV, 80 ff.) schrumpfen bei Martial zu nur einem Marsche von und nach Senlis zusammen (S. 69, Str. 4).

Die Einzelheiten im Kampf bei Saint Honnouré werden übergangen (IV, 87.)

Am Schluss dessen, was er über die Jungfrau zu berichten weiss, bespricht der Chronist nochmals das Degenwunder von Fierbois (IV, 93), was Martial geschickt fortlässt.

Schliesslich hat der Dichter dem Reim (: espée) zu Liebe die Aenderung getroffen, dass nicht der König (roy, IV, 71), sondern die Versammlung Jeanne Vorwürfe macht

über den Missbrauch ihres Degens auf dem Rücken der
Dirnen:
> Et luy fut dit par l'assemblée
> Que debvoit frapper d'un baton,
> Sans despecer sa bonne espée (S. 60.)

## 3. Umstellungen.

Abweichungen in der Aufeinanderfolge der Ereignisse finden sich seltener als Kürzungen. Die bedeutendste von ihnen — wohl durch den Wirrwarr der Geschehnisse hervorgerufen — betrifft den Zug von Gyen bis Saint-Florentin und die Ordnung dessen, was in seinem Verlauf beiläufig erwähnt wird.

Die Verschiedenheit tritt am klarsten durch eine Tabelle zu Tage:

| Chartier (IV, 69—72). | Martial (S. 59,60.) |
|---|---|
| Versammlung (ohne Ortsangabe.) | Versammlung in Gyen. |
| Aufzählung der v. d. Engländern besetzten Gebiete. | |
| Aufzählung d. franz. Führer. | Aufzählung d. franz. Führer. |
| Zulauf zum franz. Heere. | Zulauf zum franz. Heere. |
| | Aufzählung der v. d. Engländern besetzten Gebiete. |
| Jeannes Lebensweise. | |
| Streit zw. Trimolle und Richemont. | |
| Nachtrag: Gien war der Sammelort. Löhnung der Soldaten. | |
| Jeannes Zorn gegen die Dirnen. | |
| Ereignisse vor Auxerre. | Ereignisse vor Auxerre. |
| | Streit zw. Tremoulle und Richemont. |
| | Jeannes Zorn gegen die Dirnen. |

Die Verschiebung eines einzelnen Ereignisses ist noch zu konstatieren.

Die Uebergabe der Stadt Laigny an die Franzosen vollzieht sich nach Chartier (IV, 88), zwischen dem Aufenthalt Jeannes in Saint-Denis, woselbst sie ihre Waffen niederlegt, und der Plünderung dieser Abtei durch die Engländer. Martial setzt sie nicht dahin (S. 71), sondern verlegt sie in eine frühere Epoche, nämlich sofort hinter die Ankunft des Königs in Saint-Denis (S. 70, Str. 1.)

Die Verwechselung der Besuche der Abtei durch Jeanne und durch den König hat wohl den Anlass zu dieser Verwirrung gegeben.

Schliesslich ist noch eine geringfügige Gedankenvertauschung zu erwähnen: Bei Mictry, erzählt Martial (S. 69, Str. 1) stehen sich die Feinde so nahe gegenüber, dass ils s'entreveoient bien l'ung l'autre.

Dieser Ausdruck findet sich nicht am entsprechenden Ort Chartiers (IV, 80), wohl aber trifft man 2 Seiten weiter unten (Stand bei Senliz) den Satz an: . . . et s'entreveirent l'ost des Anglois et l'ost des François, ainsy comme à une petite lieue. Diesen hat Martial wohl für obige Stelle ausgenutzt.[a])

4. Reflektierende Betrachtungen

liebt Martial bei passenden Gelegenheiten einzuflechten.

Die eine giebt er am Schluss des ersten Hauptwerks der Jungfrau, der Befreiung des Loire-Gebiets, und bevor der Zug nach Rheims angetreten wird.

In 4 nicht gerade geschickt angelegten Strophen (S. 58, Str. 7 ff.) führt er den Gedanken aus: Lob sei dem Herrn, der die Jungfrau, das Heil des Landes, gesandt hat! Für gewöhnlich pflegt er nicht thätig einzugreifen, aber wenn Natur und Mensch erlahmen, dann hilft er, dann zeigt er seine Gnade und Milde.

Die zweite ist am Ende der andern Hauptthat Jeannes, der Krönung zu Rheims eingeschoben; In 18 Strophen (S. 65, Str. 6 ff.; Sonderdruck: 20 Strophen, S. 30, Str. 3 ff.) reflektiert Martial so:

Nach grossem Leid hat Fortuna durch Gottes Willen grosse Freude gebracht. Wer hätte noch auf solches Glück gehofft? Das Werk war nicht leicht, aber bei Gott ist kein Ding unmöglich, er führt alles zum Besten. Je schlimmer der Anfang, um so besser das Ende. Das dritte Buch des Boëthius sagt, dass Unglück zu unserer Seele Heil diene. Dann sei uns das Glück

---

[a]) Ich übergehe ganz unbedeutende Differenzen wie deux heures (S. 57, Str. 7) statt une heure (IV, 67); dix (S. 62, Str. 4) statt six (IV, 75) u. s. w.

doppelt so wertvoll. [10]) Es giebt zwar Leute, die behaupten, Glück und Unglück seien in der Natur praedestiniert, — Gott giebt doch Sieg, wem er will. Schwer schlug den nun toten König zuerst Fortuna, dann aber wandte sie sich; die ermutigten Franzosen wurden unwiderstehlich. Wie wunderbar, so viel Leute durch den Ruf einer einfachen Jungfrau aufgerüttelt zu haben! Ja, schnell und sicher ist Gottes Hand, er weiss, was uns not thut!

Schliesslich folgt auf die Verurteilung Jeannes in Rouen noch die seltsame Strophe:
>Si firent mal ou autrement
>Il s'en fault à Dieu rapporter,
>Qui de telz cas peut seullement
>Lassus congnoistre et discuter. (S. 76.)

Im Vergleich mit der sonst sehr begeisterten Schwärmerei für die Jungfrau nimmt sich diese Reserviertheit sehr matt aus.

## B. Sonstige Quellen Martials.

Während die bisher behandelten Differenzen Chartiers und Martials einem eigenmächtigen Vorgehen des letzteren ihr Dasein verdanken, kommen im folgenden diejenigen zur Besprechung, in welchen er anderen schriftlichen Quellen gefolgt ist.

### 1. Der Verurteilungs- und Rehabilitations-Process.

Martial selbst bestätigt, die beiden Processe gekannt, den zweiten auch benutzt zu haben:
>Lui firent ung tel quel procès
>Dont les juges estoient parties.
>Puis au dernier la condampnèrent etc. (S. 76.)

Ueber Martials Verhältniss zum Reh.-Process sind wir genauer unterrichtet; ja, durch seine Angaben sind wir sogar in Stand gesetzt, das Ms., dessen er sich bedient hat, und das uns glücklicherweise erhalten ist, zu bestimmen:

---

[10]) Hier setzen die 2 Strophen ein, die nur im Spezialdruck stehen; sie lauten:
>Elle (sc. fortune adverse) instruit, conseille et advise,
>La nuit fait tourner en clarté,
>Muer servitude en franchise,
>Et malheur en prospérité.
>   Par souffrir et cognoistre Dieu,
>   Le bien servir et honorer,
>   Fortune si change son lieu
>   Pour le servant rémunérer.

Ledit procès (d. h. der Reh.-Proc.) est enchesné
En la librarie Nostre-Dame
De Paris, et fut là donné
Par l'évesque, dont Dieu ait l'âme. (S. 78.)
Dieses Ms.[11]) gehörte zuerst dem Richter im 2. Process,
Guillaume Chartier, Bischof von Paris († 1472); ihn versteht
Martial unter dem évesque, dont Dieu ait l'âme. Bischof
Guillaume Chartier vermachte das Opus der Kirche Notre-
Dame zu Paris, die es unter der Signatur H. 10 „enschesné"
bewahrte, bis es 1756 in den Besitz der Bibliothèque nationale
gelangte, wo es noch heute liegt (fonds de Notre-Dame 138.)

Nach ihm berichtet Martial (S. 76, Str. 8 ff.), wie auf
Antrag der Mutter und Brüder Jeannes der König die
Revision des Processes einleiten lässt, wie Juvenal, Erzbischof von Reins, und Bischof Chartier von Paris den
Rehabilitationsprocess leiten, wie die Zustimmung des Papstes
und der Kardinäle eingeholt wird und schliesslich die Ehre
der Jungfrau wieder in reinem Glanze strahlt.

Natürlich werden die beiden Processe auch als Quellen
für die Thaten Jeannes gedient haben; da aber Martial
ihnen keine Züge entliehen hat, die sich nicht auch in
Chartiers Chronik fänden, so ist eine nähere Bestimmung
der sonstigen Entlehnungen aus den Processen nicht möglich.

—

2. Die Chronik des Herolds Berri.

Nächst Chartier und den Processen bildet Berris
Chronik [12]) die wichtigste Vorlage Martials.

Zwar citiert er sie nirgends; die im Folgenden anzufüh-
renden Entlehnungen aber werden den Beweis liefern, dass
er sie benutzt hat.

Noch auf dem Marsch zwischen Chinon und Orléans
sendet Jeanne einen Herold an die Engländer, der aber
übel von ihnen aufgenommen wird; so Martial (S. 54, Str.
3 ff.) und Berri (IV, 42.) — Chartier erwähnt nichts davon,
andere Chroniken setzen die Sendung erst hinter die Ankunft
Jeannes in Orléans.

---

[11]) Vgl. Quicherat V, 218 f., 449 ff.

[12]) Den uns interessirenden Teil s. bei Quicherat IV, 40—50 und Alain Chartier (Ausg. v. 1617) S. 64—78. Vgl. noch Beckmann a. a. O., S. 16 ff. Jacques le Bouvier, hérault du roi de France et roi d'armes du pays de Berri, vollendete seine mit 1402 beginnende Chronik ca. 1455; doch reichen einige hdschr. Fragmente bis 1458, 1461. — Sein Werk ward früher Alain Chartier zugeschrieben. — Mss. Bibl. nat. 137 Notre-Dame, 435 Sorbonne.

Bei Saint-Loup fallen nach Martial (ibd. Str. 8) und Berri (IV, 43) 60 Engländer, nach Chartier tous y ceulx Anglois mors ou prins (IV, 57.)

Noch an demselben Abend, schreiben beide Autoren, setzen die Franzosen auf das linke Loire-Ufer über (ibd. Str. 9 — IV, 43). Chartier schreibt: Il advint ung jour . . . que . . . Jehanne la Pucelle voulut passer la rivière . . . (IV, 60).

Nach Martial (S. 56, Str. 7) und Berri (IV, 44) liegen in Jargeau 500 Engländer, Chartier (IV, 65) hat 6—700.

Statt der 3—400 Toten, die dieser (IV, 65) auf englischer Seite in der Schlacht ebenda angiebt, nennt Berri 4—500[13]) (IV, 45), welche Zahl Vartial in quelque cinq cens wandelt (S. 57).

Ebenda werden von den 3 Brüdern La Poule nach Chartier zwei gefangen und einer getötet (was geschichtlich ist); Martial und Berri lassen einen gefangen und einen getötet werden, der dritte bleibt unerwähnt.

Nur diese beiden berichten ferner, dass die englische Besatzung aus Baugency ausziehen muss, mit nichts als einem Stock in der Hand (S. 57, Str. 3—IV, 45).

Martial (S. 58, Str. 6): Mehun, Yanville, La Ferté se rendirent.

Berri (IV, 46): Mehun, Yanville, la Ferté (-Hubert) . .

Chartier (IV, 68): Yenville en Beausse . . . . avec pluiseurs aultres forteresses.

Nur Martial (S. 69, Str. 2) und Berri (IV, 46) erwähnen die Scharmützel bei Thieux nach der Schlacht bei Mictry.

Darauf berichten sie, zieht Bedford sich nach Senlis zurück, anstatt, wie Chartier (IV, 79) meint, nach Paris.

Bei Berri (IV, 47) fand Martial (S. 69, Str. 4) auch das Vorbild zu der oben erwähnten Zusammenziehung der zwei Bedfordschen Züge in einen.

Den späteren Rückzug Bedfords nach der Normandie — Chartier IV, 85 — specialisieren Martial (S. 69, Str. 8) und Berri (IV, 48) als nach Rouen gerichtet[14]) ebenso den Rückmarsch des Königs über die Loire -- IV, 89 — als nach Berry (S. 71, Str. 4 — IV, 48.)

Die Verse: Au retour du sacre à Gien,
Le roy si voulut envoyer

---

[13]) Freilich finden sich dieselben Zahlen auch im Journal du Siège (IV, 173) und in der Chr. de la Pucelle (IV, 234 „environ 500") (s. u.) Da indessen wegen der viel grösseren Zahl der Entlehnungen die Berrische Chr. weit sicherer als Quelle feststeht denn jene beiden, so ist die Entlehnung der fragl. Stelle aus B. glaubwürdiger.

[14]) Dasselbe thut auch Perceval de Cagny (IV, 25, s. u.) Da aber M. aus ihm unverhältnissmässig weniger entnommen hat als aus Berri, so ist die Entlehnung von Berri auch in diesem Falle vorzuziehen.

La Pucelle devant Rouen,
Pour conquester et besongner.
Tremoille et autres oppinèrent
Qu' il n'en estoit point de mestier,
Ains d'Albret et elle envoièrent
Devant Saint-Pierre-le-Moustier (S. 71)
haben ihr Vorbild in dem Berrischen Passus:
Le roy estoit à Gien au retour de son sacre, et le duc
d'Alençon ... desiroit amener avec luy la Pucelle ...
Mais le sire de La Trimoille ne le voullut pas, mais l'envoya
avec son frère, le sire de Lebret (d. h. Albret) ... devant
la ville de La Charité [15]) (IV, 48 f.)

Chartier (IV, 91) hat nur den Namen Saint-Pierre-le-
Moustier.

Vor La Charité lagern die Franzosen nach Chartier
par aulcun temps, Martial und Berri geben die Dauer auf
einen Monat an.

Auch die Rückeroberung von Choisy durch die Engländer hat Martial (S. 73, Str. 4 ff.) nur Berri (IV, 49) ent-
nehmen können; freilich hat er die Erzählung stark ent-
stellt, vgl. o.

Berri (IV, 50) endlich ist auch der einzige Chronist,
der wie Martial (S. 73, Str. 8) die Jungfrau durch einen
Picarden gefangen nehmen lässt; bei Chartier (IV, 92) thun
es Engländer und Burgunder.

3. Das Journal du Siège. [16])

Das Journal sowohl wie die im folgenden anzufüh-
renden Werke sind längst nicht so stark von Martial ausgenutzt wie die genannten. Mir scheint vielmehr, als ob

---

[15]) Eine ähnliche Stelle findet sich wiederum bei Perceval de Cagny
(IV, 30.) Entlehnung ist aus demselben Grunde wie oben (Anm. 14) unwahrscheinlich.

[16]) Literaturangaben für diese und die flg. Quelle s. Nr. 1, Anm. 46.
Der Stammbaum der verschiedenen Redactionen des Journal (ca. 1467 abgeschlossen) würde nach Quicherat (IV, 94 ff) sich so darstellen:

Verlorenes Pergament des Rathhauses zu Orl. (1467 von P.
Soubsdan?) auf Berri (?), Chartier, dem Reh-Proc., dem Register
(u. d. Chr. de la Pucelle?) beruhend.
1. Druck 1576. Orl., von Saturnin Hotot (50 Bl., Rothschild-Katalog
2100.)
2. Druck 1621, Orl., von Robert Hotot.

Ausg. v. Troyes, von Lyon. — Ausserdem: Mss. Durfé und Saint-

der Dichter nur hier und da einen Blick in sie geworfen und das zufällig Erhaschte in seinem Buche verwertet habe. Diese Reihe von Uebereinstimmungen wird eine Benutzung Berris durch Martial genügend erhärten.

Das Journal ist von den 3 folgenden Chroniken noch am meisten zu Rate gezogen worden, und zwar in folgenden Fällen.

Martial giebt die Anzahl der bei Patay gefallenen Engländer auf 2300, die der gefangenen auf 200 an (S. 58, Str. 4.)

Diese Angabe ist bei keinem Chronisten wiederzufinden. Martial muss hier Verwirrung bei Benutzung verschiedener Chroniken angerichtet haben. Folgenden Weg scheint er dabei gegangen zu sein:

Chartier nennt 2—3000 Tote (IV, 68), das Journal kennt 2200 Tote [17]) (IV, 177.)

Indem sich nun in Martials Kopf, der beide Angaben gelesen hatte, die Ziffern verwirrten, entstand aus den „2—3000" und „2200" die Zahl „2300" und die ihm noch vorschwebende „200" aus der Journal-Stelle ward auf die Gefangenen, die Chartier pluiseurs nennt, übertragen.

Ist diese Rekonstruktion auch sehr hypothetisch, — psychologisch unwahrscheinlich ist sie durchaus nicht.

La Tremouilles Bestechlichkeit hatte der Stadt Auxerre günstige Capitulationsbedingungen verschafft, dont plusieurs ne furent contens, wie Martial (V. 60, Str. 1) fortfährt. Im Journal findet sich (IV, 181) derselbe Satz bei derselben Gelegenheit:

dont furent trés mal contens les plusieurs de l'armée.

Zwei unwichtige Uebereinstimmungen sind noch zu erwähnen.

Die Freude der Bewohner von Soissons, ihrem angestammten König wiedergegeben zu sein: En le festoiant grandement (V. 68, Str. 5) hat im Journal (IV, 187) ihre Parallele: ou il fest receu à trés grand joye [18]).

Nach der Erstürmung der Tourelles wissen Martial (S. 56, Str. 2) und das Journal (IV, 163) ausser von Glockengeläute noch von einem Tedeum zu berichten.

---

Victor 285, Bibl. nat. — Druck v. 1606 durch Olyvier Boynard und Jean Nyon, Orl., welcher die Geschichte Jeannes, in den genannten Ausgg. nur fragment., bis zu Ende führt, (216 Seiten); und von 1619 durch Claude Larjot, Lyon, (251 Seiten.) Vgl. Rothschild-Katalog, 2101, 2102.

[17]) Ebenso wie die Chronique de la Pucelle (IV, 243.)

[18]) Auch die Chr. de la Pucelle (Ed. Viriville, S. 324) meldet: y fut receu à grande joye, desgl. Perceval de Cagny (IV, 20): là rut receu et obéy le plus honnourablement.

Dass auch das Journal, wie Martial und Berri, die Zahl der bei Jargeau Gefallenen auf 4—500 angiebt, ist schon bemerkt.

## 4. Die Chronique de la Pucelle.

Diese Chronik — nach 1456 abgeschlossen — enthält noch weniger neue Berührungspunkte mit Martial als das Journal.

Der glänzende Empfang des Königs in Troies findet in ihr und bei Martial einen überraschend ähnlichen Ausdruck. Martial sagt (S. 63, Str. 2): le roy entra . . .
En belle ordonnance et arroy,
Et là fut receu à grant joye.

In der Chronik heisst es (IV, 252 f.): Ceux de la ville feirent grand feste et grand joye . . . Et le lendemain tous passèrent par la dicte ville en belle ordonnance : dont ceulx de la ville estoient bien joyeux.

Martial und die Chronik fügen ferner beide den Namen der französischen Herren in der Schlacht bei Patay denjenigen Alebrets hinzu. (S. 57, Str. 7; — IV, 242).

Dass ferner auch die Chronik an derselben Stelle die Zahl 2200 (wie das Journal), sowie die Zahl 500 bei Jargeau (wie Martial, Berri und das Journal) angiebt, ist oben (Anm. 13) vermerkt, ebenso die Festlichkeiten in Soissons (wie Martial und das Journal) (Anm. 18).

## 5. Perceval de Cagny.[19])

Nur einen Punkt haben Martial und Cagny allein gemeinsam.

Vor dem Angriff auf Paris erwähnt dieser Chronist (IV, 25) das Scharmützel bei einer Windmühle nahe der Hauptstadt. Martial fasst sie als Ortsnamen auf und schreibt (S. 70, Str. 2):
. . . au Molin - à - vent,
On y eut escarmouche belle.

---

[19]) Vgl. Quicherat IV, 1—37. Beckmann a. a. O., S. 8 ff. P. de C. war Dienstmann des Herzogs v. Alençon und schrieb im Sinne dieses vornehmsten Schützers der Jungfrau. Er schloss sein Werk 1436 ab.

Dass auch Cagny den Herzog Bedford nach „Rouen" statt nach der „Normandie" ziehen lässt, dass auch er den Streit zwischen Alençon und la Trémoille berichtet (wie Martial und Berri), ist oben (Anm. 14, 15) festgestellt, desgl. die Feste in Soissons (wie Martial, das Journal, die Chronique de la Pucelle) (Anm. 18).

6. Fragment d'une lettre sur des prodiges advenus en Poiton. (Vers le 25 juin 1429.)

S. 58, Str. 5 begegnet Martial ein auffälliger Irrtum: „Fastot" wird in der Schlacht bei Patay von dem Schicksal Scales' und Talbots ereilt, d. h. gefangen.
Das aber erwähnt keine einzige Chronik, vielmehr heben die meisten (z. B. IV, 45, 178, 244) ausdrücklich seine Flucht hervor.
Sollte Martial hier selber geirrt oder die Tradition ihm Falsches berichtet haben? Das scheint kaum glaublich, umsoweniger als mehreren anderen Schriftstücken derselbe Irrtum unterlaufen ist. Nach Quicherats Zusammstellung sind es ihrer fünf.
Vier davon aber sind Martial sicher ganz unzugänglich gewesen.
Der Brief, den Perceval de Boulainvilliers 1429 an den Herzog von Mailand sandte (V, 114), sowohl wie der, welchen Jeanne im selben Jahre nach Tours schickte (V, 123), als auch die Rechnung von 1429, die im Archiv der Mairie zu Tours vergraben lag (V, 162), sind wohl nie dem in Paris lebenden Martial unter die Augen gekommen. Dasselbe ist anzunehmen von dem lat. Gedicht,[20] in das Antonio aus Asti jenen Brief des Perceval de Boulainvilliers umgewandelt hat (V, 22). Antonio gelangte erst lange nach Verfertigung dieses Stückes nach Frankreich (1450). Auch existiert nach Quicherat nur eine Hs. in Grenoble.
Dagegen ward im Jahre 1429 ein Brief geschrieben, der nicht an seinen Bestimmungsort, die Diöcese Luçon, abging (V, 121.) Er liegt noch in der Bibl. nat. (7301) zu Paris. Die Vermutung liegt also nicht allzu fern, zu glauben, dass dieses Schriftstück — den Entstehungsort giebt Quicherat nicht an — auch Martial schon zugänglich gewesen ist.

[20] Vgl. die Einleitung. B.

Dann hätte der Passus dieses Briefes: Leurs cappitaines estoient Thallebot, Fastol et Escalles; lesquelz l'on dist estre prins et mors Martial geleitet, als er seine Verse schrieb:

    Le sire d'Escalles, Fastot
    Et autres furent prisonniers,
    Et aussi ledit Tallebot. [21])

Wir kommen somit zu dem Resultat, dass Martials „Vigiles" durchaus nicht einfach eine Versification Jean Chartiers sind, dass der Dichter vielmehr häufig selbständige Abweichungen von Chartier — der freilich seine Hauptvorlage gewesen ist — sich gestattet hat, dass er auch andere Werke als Quellen stark ausgebeutet hat; und zwar in erster Linie die Processe und die Chronik des Herolds Berri, in zweiter das Journal du Siège, sodann die Chronique de la Pucelle, schliesslich Perceval de Cagnys Geschichtswerk und vielleicht ein Brief-Fragment.

---

[21]) Dass diese 3 Namen nicht völlig zu jenen der 4 obigen Schriftstücke stimmen, spricht ebenfalls gegen die Entlehnung aus letzteren.

# III.
## Valerandi Varanii
## de gestis
## Joannae Virginis Francae egregiae bellatricis.

### Ueberlieferung und Dichter.

Ausgaben: 1516, Paris (Ms. 1643 in Sainte-Geneviève).
1521 (Bibl. Mazarine 10620.)
1889, Paris, Neudruck durch E. Prarond,[1] „remis en lumière, analysé et annoté."

Ueber den Dichter, dessen franz. Name wahrscheinlich Valerand des Varennes lautete,[2] ist nur sehr wenig bekannt. Aus den Prarond'schen Zusammenstellungen ergiebt sich Folgendes: Er war in Abbeville geboren und erwarb sich den theologischen Doctorhut an der Sorbonne. Ausser der zu behandelnden Dichtung kennt man noch als von ihm verfasst: je ein Gedicht auf den Sieg bei Fornoue (1501), die Einnahme Genuas (1507) und die Hochzeit Ludwigs XII. (1514).

Das Joanna-Werk des Valerand besteht aus 3000 und einigen lat. Hexametern und zerfällt in 4 libri.

### Quellen.

Die wichtigste Vorlage für sein Werk nennt Valerand selber in der zweiten der beiden Widmungen[3], welche er

---

[1] Prarond hat sich durch den Neudruck des seltenen Werkes ein Verdienst erworben. Die Anmerkungen, welche er im Verlauf und nach der Analyse macht, sind mehr äthetischer Natur und wissenschaftlich grösstenteils wertlos. Das Ms. 1643 in Sainte-Geneviève hat er, wie er S. X, Anm. 1 gesteht, seltsamerweise nicht eingesehen.

[2] Vergl. Prarond, S. VI, ff.

[3] Die erste ist an den Bischof von Noyon, Charles de Genlis, die zweite an den Erzbischof von Rouen, Georges II. d'Amboise, November 1516 gerichtet. — Prarond, S. 3 – 6.

ihm vorausgeschickt hat. Er schreibt: Si quempiem delectet plenius historiam nosse, ex coenobio sancti Victoris Parisiensis librum repetat quem aliquot dies mutuatus sum, ubi abunde, et ex fori judiciarii ordine omnia quae transcripsi digeruntur.

Unter diesem liber ist aber nichts Anderes zu verstehen, als das der Abtei Saint-Victor gehörige Pergament Ms. der beiden Processe (Bibl. nat. 285), welches dem Dichter vom damaligen Abt Nicaise Délorme (1488—1516), der es auch hatte anfertigen lassen, geliehen war.[4]

Ferner hat Valerand benutzt:
2) das Journal du Siège d'Orléans;
3) das lat. Gedicht des Anonymus, noch zu Lebzeiten der Jungfrau verf. (602 Hexameter);[5]
4) deu Mirouer des femmes vertueuses, unter Ludwig XII. wohl noch im 15. Jahrh. geschrieben;[6]
wahrscheinlich:
5) die Chronique de la Pucelle,
6) das Mistère du S. d'O.,
7) die Chronik des Robert Gaguin.[7]

Anmerkung:
Die Benutzung von 3, 4, 6 vermutet auch Prarond; mehrere der weiter unten zu behandelnden Einzelbelege dieser 3 Werke, sowie der Processe sind schon von ihm, jedoch zum Teil falsch, angeführt. Martial d'Auvergne, den P. mehrmals vergleichend heranzieht und für eine Vorlage zu halten scheint — er drückt sich unbestimmt aus — ist, wie wir sehen werden, nicht als solche zu erweisen.

Valerand hat wohl auch noch aus mündlicher Ueberlieferung geschöpft, was verschiedene ihm eigentümliche Stellen wahrscheinlich machen; auch schreibt er in jener zweiten Widmung: Sane et in hanc usque diem superstites sunt plusculi qui virginem viderunt inter vivos agentem.

Im folgenden suchen wir nun nach der Reihenfolge der 4 Bücher die Quellen im einzelnen nachzuweisen.

---

[4] Quicherat V, 399.
[5] Vgl. Einleitung, B. — Quicherat V, 24—43 abgedr.
[6] Neudruck (Facsimile): Collection de poésies, romans, chroniques: par Crapelet, 1840; Silvestre libraire. — Doch genügen für unsern Zweck auch die von Quicherat (IV, 267 ff.) abgedruckten Auszüge.
[7] 5, 6, 7 sind nicht mit Sicherheit nachzuweisen, da, falls sie und die andern genannten Werke zugleich Uebereinstimmungen mit V. zeigen, diese vorzuziehen sind, weil sie auch in sonstigen Punkten stärker ausgenutzt sind, nud da ferner die Stellen, welche 5, 6 oder 7 allein mit V. gemein haben, qualitativ und quantitativ zu geringwertig sind, um ganz sichere Schlüsse zu gestatten. — Nr. 7 (Roberti Gaguyni Ordinis sanctae Trinitatis ministri generalis historia Caroli VII. 1489) ist z. T. abgedr. in Hordals „Aurelianensis Puellae Historia", Pont-à-Mousson 1612, S. 66—88; vgl. die Quellen-Untersuchung zu Vernulz (Nr. VII.)

Da Valerand die Benutzung der Processe selbst bekennt, so ist der Einzelnachweis für sie, wenigstens für den 2. Process, wohl überflüssig; nur in besonders evidenten Fällen, oder wo andere Gründe es wünschenswert machen, soll es geschehen.

Der Verdammungsprocess, der für das Leben und die Thaten der Jungfrau weit weniger ergiebig ist als der 2., ist nur für die Erzählung der Verurteilung und Hinrichtung selbst (zu Ende des 3. und im 4. Buch) und auch da seltener herangezogen als der andere Process, der nicht nur für die Rehabilitation selber, sondern für das ganze Leben der Jungfrau dem Dichter die wichtigste Quelle ist.

Aber eben weil der 1. Process seltener benutzt ist, erscheint es angebracht, die Stellen, welche herangezogen sind, hervorzuheben.

Dass das Journal du Siège d'Orléans dem Dichter vorgelegen habe, wird zum Ueberfluss noch durch eine günstige Aeusserlichkeit erhärtet: Das Ms. Saint-Victor 285, welches Valerand nach eigener Angabe benutzt hat, enthält nämlich ausser den Processen noch den Text eben des Journals.[a])

In zweifelhaften Fällen verdient also das Journal vor sämtlichen andern Quellen, die Processe selbstverständlich ausgenommen, den Vorzug.[b])

---

## Buch I.

Buch I (ca. 712 Verse) berichtet über die Vorgeschichte der Jungfrau von ihrer Berufung bis zu ihrer Ausrüstung in Tours.

Für dieses Buch sind als Quellen anzusehen: Der Rehabilitationsprocess, das Journal du Siège, die Dichtung des Anonymus; möglicherweise auch die Chronique de la Pucelle und das Myster, sowie Gaguin.

Als Einleitung in die Handlung des Gedichtes dient eine Scene, deren Schauplatz der Himmel ist: Karl der Grosse ruft Marias Fürbitte bei Christus zu Gunsten des unglücklichen Frankreichs an. (Praronds Ausgabe S. 9 ff.)

Zur Einführung Karls des Grossen hat Valerand sicher

---

[a]) Quicherat V. 398.
[b]) Die Chronik des Enguerrau de Monstrelet z. B., welche in 5 Fällen mit V. übereinstimmt, ist nicht als Quelle zu bezeichnen, denn auch das Journal weist diese Fälle auf. Dasselbe gilt von Martial d'Auvergne, vgl. u.

die Anregung gefunden in den Worten des Processes: asserebat in visione habuisse quod sancti Ludovicus et Karolus Magnus orabant Deum pro salute regis et illius civitatis. (III, 7)[10])

Aehnliches findet sich im Anonymus (V, 39) und in der Pucelle-Chronik (IV, 208, 219); doch sind beide Stellen nicht beweiskräftig, da sie durch den Process in den Hintergrund gedrängt werden.

Hat nun hier auch die Paradies-Scene des Mysters vorbildlich gewirkt? Wären nicht im II. Buch mehrere Stellen, welche einen Einfluss des Stückes wahrscheinlicher machen, so würde es sehr gewagt sein, allein auf diese Stelle — die einzige im I. Buch — gestützt, solchen annehmen zu wollen. So aber ist die Frage nicht ohne weiteres zu verneinen.

Nicht für ihre Bejahung spricht zweierlei: Der Saint-Michel des Mysters heisst bei Valerand bloss nuntius, und die ganze Scene giebt unser Dichter wesentlich gekürzt. Man vergleiche:

| Valerand | Myster |
|---|---|
| Karl d. Gr. — Maria | Karl VII. — Gott |
| Maria — Gott | Maria — Gott |
|  | S. Euverte — Gott |
|  | S. Aignan — Gott |
|  | Gott — Maria |
|  | Maria — Gott |
|  | S. Euverte — Gott |
|  | S. Aignan — Gott |
| Gott — Maria | Gott — Maria |
| Maria — Karl d. Gr. | Gott — S. Michel |
| nuntius | S. Michel — Gott |

Die seltsame Befürchtung der Jungfrau, die Erscheinung des göttlichen Boten möchte ein Teufelswerk sein (S. 18/19), findet zwar kein direktes Vorbild, doch ist es wahrscheinlich, dass hier der 64. Artikel des 4. Capitels des Reh.-Proc. (II, 244) angeregt hat, wo die Möglichkeit zugegeben wird, dass die besagten Erscheinungen auch böse Geister hätten sein können.

Hier zeigt sich auch deutlich der Einfluss des Anonymus: Nach Valerand (S. 17—21) erscheint der nuntius (ohne Namen) 2mal der zaudernden Johanna, ohne dass sie inzwischen, wie sonst berichtet wird, Baudricourt aufgesucht hätte. Ganz ähnlich der Anonymus (V, 27—29): 3mal,

---

[10]) Ich erinnere daran, dass Quicherat in I den Verd.-, in II und III den Reh.-Process vereinigt hat.

ohne zu Baudricourt gegangen zu sein, hört sie eine (unbenannte) „vox".

Auch die electi juvenes des Anonymus (V, 30), welche ihr Baudricourt als Begleiter mitgiebt, — die andern Quellen nennen sämtlich Namen! — erkennen wir in den collecti ministri Valerands (S. 24) unschwer wieder.

Nicht in Chinon treffen der König und Johanna sich zum ersten Mal, sondern Valerand nennt Losci (Loches) (S. 24). Hier muss er durch eine Stelle des Processes (III, 9) irre geführt sein, wonach eine Begegnung in Loches zwar stattfindet, aber erst nach der Entsetzung von Orléans.

Einige Schwierigkeit bereitet Valerands Darstellung des Verhörs in Poitiers (S. 26 –36): Zuerst Eröffnung der Sitzung; dann tritt ein venerandus eques auf, der ziemlich Stimmung gegen Johanna macht; Johanna redet; Beratung der Beisitzer; Petrus von Versailles schlägt Johannas nochmalige Vernehmung vor; nun weiss diese die ganze Versammlung zum Glauben an sich zu bekehren.

Das Myster bietet hier nur ziemlich inhaltlose Reden und Gegenreden; alle, ausser anfänglich dem 3. und 4. Präsidenten, glauben an ihre Sendung. Ein Einfluss dieser Scene ist absolut nicht zu erkennen.

Die Unsicherheit in dieser ganzen Frage steigert sich dadurch, dass die Verhörs-Akten verloren gegangen sind. Haben diese Valerand etwa noch vorgelegen? Oder hat er frei gedichtet? Diese Fragen sind jetzt nicht mehr zu entscheiden.

Da jedoch Petrus de Versailles als Verhörsbeisitzer in Poitiers 4mal im Process genannt wird (III, 19, 74, 83, 92), so wird Valerand diesen auch hier benutzt haben.

Wie kommt aber der Dichter zu dem venerandus eques? Das Journal (IV, 128) spricht von einer Voruntersuchung durch plusieurs prelaz,, chevaliers, escuyers et chiefz de guerre, avecques aucuns docteurs en théologie, en lois et en decret; -- sollte der venerandus eques eine Reminiscenz an die chevaliers sein?

Die Chronique de la Pucelle giebt auch das Verhör ziemlich ausführlich (IV, 209/10). Doch ist dieser Passus dem bei Valerand nicht sehr ähnlich und deshalb der Benutzung nicht verdächtig.

Die Keuschheitsprobe durch die Königin von Sicilien und die Ausrüstung in Tours (S. 36) beruhen auf dem Reh.-Pros. (III, 209,66). —

Die hier in Buch I geschilderten Ereignisse finden sich auch grösstenteils in Gaguins Chronik, deren Benutzung hier nicht unmöglich ist, da sie wahrscheinlich für eine Stelle in Buch III vorbildlich gewesen ist.

## Buch II.

Buch II (ca. 717 Verse) schildert die Befreiung von Orléans.

In ihm sind benutzt: Der Reh.-Proc., das Journal, der Anonymus, wahrscheinlich das Myster und möglicherweise die Pucelle-Chronik und Gaguin.

Aus dem Myster scheint die Gesandtschaft der Bürger von Orléans zum König entlehnt zu sein. (S. 38—41).

Aulonius (d'Aulon) und Contius (Louis de Contes) geleiten die Jungfrau nach Orléans (S 42); auch das Myster (S. 434) und die Pucelle-Chr. (IV, 211) erwähnen dies, doch läuft ihnen das Journal (IV, 129) den Vorrang ab.

Was dagegen wieder mit einiger Sicherheit auf das Myster als Vorlage deutet, ist das Gebet des Königs. Zwar sind beide inhaltlich verschieden,[11]) doch folgt in beiden allein das Gebet auf den Abgang Johannas, während es sonst vor dem Zusammentreffen des Königs und der Pucelle steht.

Das Johanna einen Brief an die Engländer aus Orléans und nicht schon aus Blois schreibt (S. 46/47), besagt der Process (III, 125.)

Darin dass in den Kämpfen um Orléans die Namen der beiden wichtigsten Festen, Saint-Loup und Tourelles, übergangen sind, stimmt Valerand (S. 53—55) nur mit dem Anonymus (V, 40—41) überein.

Während dieser Kämpfe befindet sich Talbot auf dem andern Loire-Ufer (S. 57). Das konnte Valerand, von einer Parallelstelle der Pucelle-Chronik (IV, 231) abgesehen, nur aus dem Journal (IV, 106, 163) schöpfen.

Valerand (S. 64) und der Anonymus (V, 42) schildern beide die Erstürmung der Festen durch Leitern.

Johannas Verwundung (S. 64) berichtet das Journal (IV, 160); ausserdem noch viele andere Chroniken, so Anonymus (V, 42), Pucelle-Chronik (IV, 227), auch das Myster (S. 511); ebenso den Flutentod des Glassidas (Glasdale) (S. 66. — Journal IV, 162; Pucellechronik IV, 230; Myster S. 523.) —

Was über Robert Gaguin für Buch I gesagt ist, gilt auch hier.

---

[11]) Valerand: Klagen; Zweifel: Wunsch zu sterben; rette Orléans! — Myster: Schütze Orléans; strafe nicht mein Volk; ich will gehorsam sein; Jeanne mein einziger Trost!

## Buch III.

Buch III (ca. 765 Verse) behandelt die Freudenfeste in Orléans und Johannes fernere Waffenthaten, sowie ihre Gefangennahme.

Hier finde ich als Vorlagen: den Reh.-Proc. und das Journal, zu Ende des Buches auch den Verurteilungsprocess und den Mirouer des femmes vertueuses; wahrscheinlich die Pucellechronik und Robert Gaguin und möglicherweise das Myster. Der Anonymus hat seine Thätigkeit hier schon eingestellt.

Auf die Pucelle-Chronik als Quelle deutet hier unzweifelhaft das Verhalten Johannas bei dem Freudenfeste, welches Valerand (S. 69) berichtet: sie geniesst an der Tafel nur wenige Bissen, mit Wasser und Wein. Dies kann nur aus jener Chronik (IV, 231) stammen: Si voulut seulement avoir du vin en une tasse, où elle mist la moitié d'eaue . . .[12])

Die Vergleiche mit Judith, Esther, den Amazonen, finden sich im Reh.-Proc. (III, 303, 305, 415.)

Die Einsetzung des Gedenktages an die Befreiung seitens der Bürger von Orléans (S. 70/71) könnte zusammenhängen mit der Einsetzung durch Jeanne im Myster. Doch bedenkt man, dass dies Fest allgemein bekannt war und viele Jahre regelmässig begangen wurde, so lässt sich hier auch sehr wohl mündliche Tradition vermuten, — umsomehr als dies die einzige Stelle des III. Buches wäre, welche eine Beeinflussung durch das Myster aufwiese.

Die Besetzung von La Beausse erzählt das Journal (S. 71 — IV, 151.) Daneben vgl. die Pucelle-Chronik (IV, 217/18).

Es folgt in der Schilderung Valerands die Einnahme von Laval und die Gefangennahme von dessen Grafen durch Bedford. Diese Facta finde ich nur noch bei Gaguin (Hordals Chroniken-Sammlung, S. 74) erwähnt. Valerand hat sie also wohl aus ihm geschöpft.[13])

Eines der Details der Schlacht bei Patay, nämlich Chabannes' Sturz und seines Pferdes Tod (S. 77) findet sich im Journal (IV, 106), freilich in anderm Zusammenhang.

Scales, Hungerford und Talbot werden gefangen genommen (S. 78/79), wie im Journal (IV, 177) und auch in der Pucelle-Chronik (IV, 143).

Einen ähnlichen Irrtum wie oben (Loches statt Chinon)

---

[12]) Wenn Prarond (S. 220) die auf die Feste bezügl. Verse des Martial d'Auvergne deshalb anführt, um sie als Vorbild hinzustellen, so hat er hierzu kein Recht, denn V. lässt sich hier genügend aus jener Chronik erklären.

[13]) Andere Stellen sind Gaguin u. V. nicht eigentümlich. Doch ist eine sonstige Benutzung für Buch III nicht geradezu ausgeschlossen.

begeht Valerand, indem er (S. 80) wiederum Loches statt Gien als Versammlungsort der Truppen nach der Schlacht nennt. Auch hier haben wohl jene Process-Stellen (III, 9, 11) eingewirkt.

Johannas Siegeszug von da bis Reims (S. 83—85) ist, soweit nicht dem 2. Process, dem Journal (IV, 181), auch wohl teilweise der Pucelle-Chr. (IV, 250) entnommen.[14])

Besonders eklatant springt in die Augen, wie ähnlich der Einzug in Reims bei Valerand (S. 84/85) dem im Journal sieht (IV, 184).

Wir haben nun noch die zu Ende dieses Buches zuerst benutzen 2 Vorlagen zu erledigen.

Johannas traurig-ahnungsvolle Worte zu den Kindern von Compiègne (S. 95/96) können nur aus den Zeilen des Mirouer (IV, 172) erklärt werden.

Mit dem Kampfe vor Compiègne beginnt der 1. Process als Vorlage auzutreten. Nur in ihm (I, 116, 207) findet sich der Bericht über den Kampf und die Gefangennahme der Jungfrau so, wie Valerand ihn giebt (S. 96/97): 2mal wirft sie die Feinde zurück, das dritte Mal wird sie vom Verhängniss ereilt.

---

## Buch IV.

Das letzte Buch (ca. 812 Verse) bringt den Process und Tod der Jungfrau, sowie die Rehabilitation. Diese letztere (ca. 396 Verse) bilden in IV einen Sonderteil unter dem Titel: Sequitur secundus processus post mortem Joannae sub Calisto tertio Pont. Rom.

Das Buch richtet sich allein nach den beiden Processen und einmal, soweit nachweisbar, nach dem Mirouer des femmes vertueuses. Der 2. Process spielt hier eine enorm ausgedehnte Rolle. Weder das Journal, noch die Pucelle-Chronik oder das Myster behandeln diesen Teil der Geschichte der Jungfrau.

Johannas Gefangenschaft in Beaurevoir und ihre milde Behandlung durch die Gräfin von Luxembourg (S. 100) ist aus dem 1. Process (I, 95) oder dem 2. (II, 298) entnommen. Sie ward von den Engländern mehr gefürchtet als ein ganzes Heer (S. 101—II, 324).

---

[14]) Also fehlt Prarond (S. 229, 230, 231) auch hier jede Berechtigung, Martialschen Einfluss auzunehmen.

Luxembourg verkauft Johanna „multo auro" an Bedford (S. 101). Von unseren Quellen berichtet allein der Mirouer (IV, 274), dass Luxembourg sie den Engländern um „grant pris" abgab.

Der Bischof Cauchon von Beauvais lädt sie vor das Tribunal (S. 108); so beginnt auch der 1. Process (I, 1). Auch die Anklagerede Chatillons, so voll von Mythologisierungen sie auch steckt, ist doch nicht unbeeinflusst vom Process. Der: Passus Hactenus effulsit monstrorum nescia sola Gallia... (S. 109) schliesst sich eng an: Sola Francia solebat olim carere monstris... (II, 353). Diese Worte spricht jedoch im Process nicht Chatillon; dessen eigene Rede ist von Valerand gar nicht benutzt.

Johannas Verteidigungsrede (S. 111—114) ist aus ihren verstreuten Antworten im 1. Process zusammengetragen.

Der Bischof von Beauvais muss (S, 114) von Seiten der Engländer beleidigende Worte einstecken, weil er die Fällung des Urteils verzögere. Hierzu haben Stellen des 2. Processes (II, 21, 376; III, 61, 130, 146) den Anlass gegeben.

Der Richtplatz auf dem Alten Markt zu Rouen (S. 114) findet sich vielfach in beiden Processen erwähnt (I, 468, 469. II, 19, 352; III, 53, 62, 114, 385.)

Schliesslich ist der Reh.-Proc. u. a. noch ausgebeutet: Zu dem Gebete Johannas auf dem Scheiterhaufen (S. 115) (II, 14; III, 150, 159.) Für ihren letzten Ruf „Jesus" (S. 117) (II, 20, 377; III, 53, 90, 114, 177, 186, 188, 191, 202.) Die Asche wird in die Seine gestreut (S. 117) (III, 160, 182, 185, 186, 188, 202.) Der Spott der Engländer beim Anblick der Sterbenden (S. 117) nach III, 53.

Sequitur secundus Processus
post mortem Joannae
sub Calisto tertio Pont. Rom.

Eine nach dem 1. Process geschriebene Stelle ausgenommen, beruht dieser ganze Unterteil lediglich auf dem Rehab.-Proc. Deshalb nur kurze Zusammenfassungen:

Die Mutter Johannas giebt den Anstoss zur Revision (S. 117) (II, 82, 92; III, 368, 370, 373)[15] Der König sucht (S. 119 – III, 368) und erhält Papst Calixts Genehmigung dazu; der Erzbischof von Reims und der Bischof von Paris als Richter (S. 120 – II, 95).

---

[16]) Martial als Vorlage ist also auch hier nicht nachweisbar (Prarond, S. 253).

In der grossen mythologisierenden Rede des Curcellius (Courcelles) sind (S. 129, 130) Process-Stellen (II, 244; III, 204) verwertet. Was Valerand ferner hierhin über ihr Ende setzt: ihr Herz von den Flammen unversehrt, eine weisse Taube aus der Asche emporsteigend (S. 133), stammt ebendaher (II, 7; III, 160. II, 63. 352).

Der 1. Process (I, 105) hat das Material zu der Episode von der Erweckung des toten Kindes in Lagny geliefert (S. 133).

Das greuliche Strafgericht über die 3 Richter endlich (S. 133/34) findet sein Urbild wieder im Rehab.-Process (III, 162, 165).

Zur Uebersicht:

Quellentabelle der 4 Bücher:[16])

| Quellen | I | II | III | IV | Sec. Pr. |
|---|---|---|---|---|---|
| Cond.-Pr. | — | — | +++ | +++ | +++ |
| Reh.-Pr. | +++ | +++ | +++ | +++ | +++ |
| Journal | +++ | +++ | +++ | — | — |
| Anonymus | +++ | +++ | — | — | — |
| Pucelle-Chr. | † | † | †† | — | — |
| Rob. Gaguin | † | † | †† | — | — |
| Mysterium | † | †† | † | — | — |
| Mirouer | — | — | +++ | +++ | — |

Abweichungen
des Gedichts von den Quellen und Charakter
derselben.

Trotzdem Valerand so vorzügliche Quellen vorgelegen haben, ist seine Darstellung, wie auch schon Quicherat V, 83 anmerkt, nichts weniger als historisch genau zu nennen.

Schon seine Auffassung der Johanna als „egregia bellatrix", ist ungeschichtlich, dem Geschmack seiner Zeit, die gern antikisierte und ins Kolossale übertrieb, angepasst.

---

[16]) +++ bedeutet sichere Quelle, †† wahrscheinliche Quelle, † mögliche Mitquelle, — nicht Quelle.

Prarond trifft den richtigen Ausdruck, wenn er sie als guerrière antique bezeichnet. Von solchem Standpunkt aus des erklären sich auch die Vergleiche mit den Amazonen, mit Judith und Esther. In alle Kämpfe greift sie mit thätiger Faust ein: Vor Orléans tötet sie 3 Feinde mit eigener Hand (S. 53), ebenso kurz nachher den Lord Molyns und noch einen Engländer (S. 55). Während der Schlacht bei Patay stürzt sie sich ins dichteste Gewühl und nimmt Talbot selber gefangen. (S. 78/79). Sie verrichtet Wunder an Tapferkeit, als sie sich vor Compiègne von Feinden umringt sieht (S. 96—98); noch verwundet ficht sie rasend weiter, bis sie zusammenbricht.

Valerand erweist sich als echter Sohn seines Jahrhunderts und als wahrer mittelalterlicher Gelehrter durch die vielen Anspielungen auf antike und biblische Mythologie, mit denen er sein Werk gefärbt hat. Das am meisten zu Tage Liegende greife ich im Folgenden heraus.

Nach Art des Homer ruft der Dichter zu Beginn seiner Arbeit den Beistand der Musen, Apolls, Pans, der Costis (antikisierend für Sta. Catharina) an.

Petrus de Versailles setzt in seiner Rede zu Poitiers (S. 32/33) die gesammte antike Welt in Bewegung. Es wimmelt darin von Sphinxen, Labyrinthen, Numa Pompilius, Lycurg, Oedipus, Romulus etc. etc. Glasdale ist ein Sinon an Trug, ein Ulysses an List. (S. 48.)

Nach der Krönung zu Reims giebt Karl d. Gr. seinem Nachfolger in langer Rede eine grosse Zahl nachahmenswerter Muster aus der antiken Welt (S. 85—90).

Die 2 Reden Châtillons (S. 102—111) während des Anklageprocesses strotzen von einer solchen Fülle von Mythologien, dass sie hier nicht wiederzugeben ist; ganz besonders die erstere, welche über Zauberei handelt.

In noch höherem Masse gilt dasselbe von Courcelles' Rede im 2. Process. (S. 123—132).

Dass Valerand in den antiken Autoren sehr beschlagen ist, hat Prarond in den Anmerkungen gezeigt. Sein ganzer Stil ist dem Virgil nachgebildet. Er kennt Valerius Flaccus, Tibull, Apulejus, Martial, Horaz.

Von biblischen Anspielungen ist schon der Vergleich mit Judith und Esther erwähnt. Der Herold, welcher den Reinigungs-Process eröffnet (S. 121—123) wirft mit Bibelfiguren nur so um sich: Daniel, Susanna, Samuel, David, Saul u. s. w. werden alle citiert.

Auch der schon erwähnte Thomas de Courcelles weiss von Debora, Moses, Bileams Eselin, Gideon, den Hebräern in Egypten u. s. w. zu sprechen.

Abgesehen von diesem gelehrten Flitterkram hat Valerand noch verschiedentlich, wo es ihm wirkungsvoll erschien, ausgeschmückt, detailliert, neues erfunden, vorhandenes übertrieben.

Wieviel hiervon auf seine Rechnung, wieviel auf die der mündlichen Tradition zu setzen, lässt sich schwerlich noch entscheiden; doch möchte ich mit Rücksicht auf die dürftige Ueberlieferung, wie sie ein späteres aus ihr schöpfendes Stück [17]) verrät, ihm den Löwenteil zuweisen.

Die Reden, welches er seinen Personen in den Mund legt, sind, auch wo ihm Vorlagen zu Gebote standen, inhaltlich fast sämtlich total umgestaltet. Ich nenne nur die Karls des Grossen zu Anfang, Johannas Worte in Poitiers, das Gebet des Königs, die Feld-Ansprachen des Poynings, Falstaff, Alençon, die sentenzenreiche Ermahnung Karls des Grossen an Karl VII. gerichtet, die Process-Reden des Warwick, Châtillon und Courcelles.

Folgende Neuerungen gehören noch hierher. Nach Valerand kennt Johanna nicht von selber den Fundort des Wunderdegens von Fierbois, der nuntius sagt ihn ihr. Lilien, nicht Schwerter sind ihm eingraviert. (S. 20).

Beim Abschied vom König warnt dieser sie — misstrauisch, wie er sich schon zuvor gezeigt hat — ausdrücklich vor etwaigem Bund mit höllischen Geistern (S. 41).

Um dem Leser die Vorgeschichte von Orléans' Belagerung mitzuteilen, benutzt Valerand den Kunstgriff der Erzählung (durch Dunois, S. 48—50).

Salisbury wird hier — völlig im Widerspruch mit der Geschichte — erst nach der Gesandtschaft der Bürger an den Herzog von Burgund getötet.

### Details aus dem Belagerungskampfe.

Im Kampf an den Ufern der Loire gerät Johanna in Bedrängniss, Poton de Saintrailles rettet sie (S. 54). Die Waffen der Gefallenen leuchten des Abends aus dem Wasser hervor (S. 55). Der das Ufer abpatrouillierenden Johanna fallen 2 Engländer in die Hände, die Talbot zu Hülfe rufen sollen (S. 57/58.)

Im Sturm am folgenden Morgen — höchst lebensvoll geschildert! — pflanzt sie ihre Fahne in einem Baume auf, dessen Zweige sie vor Geschossen sichern (S. 62). Glasdale erhält einen Waffenstillstand nicht bewilligt, weil Johanna Verrat wittert. (S. 65). Schliesslich werden die Körper der

---

[17]) Vgl. Nr. V.

Gefallenen an Gabeln aufgehängt (S. 66), — eine etwas excentrische Zugabe des Dichters!

Um die Schlacht bei Patay mehr hervorzuheben, übergeht Valerand (Buch II) die Kämpfe vor Jargeau und Beaugency.

Er giebt genau die Schlachtordnung der Franzosen an. (S. 73). Die verschiedenen Reden s. o. Einzelkämpfe nach homerischer Art spielen sich ab (S. 76.) Johannas Streiten wird ausführlich geschildert.

Bei Johannas Gefangennahme vor Compiègne (S. 98.) wird als Gerücht angegeben (Fama—sed incertis veniens authoribus—extat), dass die Eifersucht der französischen Grossen indirekt die Katastrophe veranlasst habe. Diesen Zug wenigstens darf man also wohl mit Bestimmtheit der Volkstradition zuschreiben.

Um die Lage Johannas möglichst bejammernswürdig darzustellen, fügt Valerand (S. 100) einen sonderbaren Zug hinzu: Die Schaulust der herbeigeströmten Menge zu befriedigen, muss sie auf Luxembourgs Befehl in einer Reitbahn auf und ablaufen.

Die Engländer, schwankend ob Johanna durch Eisen oder Wasser sterben solle, entscheiden sich, von Warwick beredet, für den Feuertod, der zugleich den König entehre, indem er seine Retterin als Hexe brandmarke. (S. 101/102.) Châtillons Reden s. o. Als Johanna zum Tode geführt wird, schliessen einige Leute ihre Häuser, um sich dem kläglichen Schauspiel zu entziehen (S. 115.)

In ihren Bitten um Revision des Processes wird die Mutter bei Valerand durch die Grossen des Reichs unterstützt (S. 119.)

Die Reden des Herolds und des Thomas von Courcelles s. o.

In der Rede dieses letzteren hat Valerand sogar, um das Verfahren gegen die Jungfrau noch grausamer zu schildern, eine Thatsache geradezu entgegengesetzt dargestellt: Courcelles wirft (S. 131) den Richtern Johannas vor, sie ohne Abendmahl in den Tod gesandt zu haben. Die Stellen der Akten aber, an denen ausdrücklich ihre Communion vor der Hinrichtung erwähnt wird, sind so zahlreich (I, 475; II, 6, 186, 320, 334, 366; III, 62, 129, 149, 158, 168, 173), dass Valerand sie unmöglich übersehen haben kann.

## IV.
## L'Histoire tragique de la Pucelle de Dom-Remy.

### Ueberlieferung.

L'Histoire tragique de la Pucelle de Dom-Remy, aultrement d'Orléans. Nouvellement departie par Actes et representée par Personnages. A Nancy, Par la vefve Jean Janson pour son filz Imprimeur de son Altesse. 1581. 4°. 56 Blätter. Herausgeg. (wie aus einem Sonnett hervorgeht, s. u.) von J. Barnet, Rat und Secretär des Comte de Salme, Marschalls von Lothringen.

Neudruck veranstaltet von Durand de Lançon (bei Toussaint) in Pont-à-Mousson, 1859 (vergriffen).

Mir war keine dieser Ausgaben zugänglich. Doch hat Beaupré (Nouvelles recherches de bibliographie lorraine, 1500–1700; Paris 1856; S. 22—60) eine so ausführliche Analyse und ausserdem über 400 Verse als Proben gegeben, dass sich auch auf Grund dieses Materials schon mancherlei schliessen lässt.[1]

Nach Beaupré ist Folgendes der Inhalt des Druckes:

1) Eine Widmungsschrift des Herausgebers an den Comte de Salm, Marschall von Lothringen, in dessen Besitz damals Dom-Remy war.[2]

2) Ein Sonnett.

3) Lateinische Verse.

4) Die personnages des actes und das avant jeu, d. h. ein Prolog in Alexandrinern, worin der nationale Stoff des Stückes betont wird („à l'honneur du Pays de Lorraine")[3]

5) Die Histoire tragique selbst.

---

[1] Parfait (Hist. du théâtre franç. 1745) III, 449 und die Bibl. du théâtre franç. I, 236 bieten kürzere Inhaltsangaben. Auch du Haldat (Mémoires de l'académie de Stanislas 1847) und Digot (Histoire de Lorraine V, 144) geben nicht viel mehr, wie mir Jemand versichert, der sie in Paris eingesehen hat. — Vgl. noch die Myster-Ausg. S. 786 und die in Hinsicht auf die Veröffentlichungen von 1856 bedeutungslosen Bemerkungen von Beaupré (Recherches historiques et bibliographiques sur le commencement de l'imprimerie en Lorraine, Nancy 1845, S. 180.) — Puymaigre; a. a. O, S. 8 ff. wiederholt nur Bekanntes nicht sehr genau.

[2] Parfait a. a. O., III, 446, Anm.; Beaupré (1856) S. 26.

[3] Beaupré, S. 30.

6) Druckfehler und einige lat. Verse zum Lobe des Werkes.
7) Ein Sonnett von C. Vallée an Monsieur Barnet, Cons. & Secretaire ord. de l'Altesse de Monseigneur . . ⁴) (s. u.)

Dichter.

Es steht fest, dass der Herausgeber von 1581, Jean Barnet, nicht der Verfasser der Tragödie ist. Er selbst bekennt das in der vom 26. Mai 1581⁵) datierten Zueignungsschrift an jenen Comte de Salm (Beaupré S. 27); auch das Sonnett, welches am Schluss des Werkes steht und von C. Vallée an Barnet gerichtet ist, besagt dasselbe (Beaupré, S. 25).
Wer ist nun der eigentliche Autor? Seit Parfait nimmt man allgemein an, dass Fronton du Duc der Dichter sei.
Fronton du Duc (1556—1623), in Bordeaux geboren, lebte als gelehrter Theologe und Altertumskenner an der Universität zu Pont-à-Mousson und gehörte der Gesellschaft Jesu an⁶)
Ueber ihn berichtet sein Ordensbruder Nicolas Abram in lateinischer Sprache:⁷) Im Mai 1580 wollte Fronton vor den die Bäder von Plombieres besuchenden Majestäten Heinrich III. und Gemahlin eine von ihm verfasste „Tragoedia Gallica de Joannâ Puellâ Lotharingâ" aufführen lassen, was aber ansteckender Krankheiten halber unterblieb. Doch fand die Vorstellung der Tragödie „suppresso Authoris nomine" am 7. September 1580 vor Herzog Karl III. von Lothringen statt, der darob so entzückt war, dass er dem Dichter „aureos centum" überwies, mit dem Befehl, dafür seinen zerschlissenen Rock durch einen neuen zu ersetzen.
Da nun aus den beiden oben genannten Angaben in Barnets Ausgabe hervorgeht, das dieser die Tragödie nicht verfasst hat, da das „représentée par Personnages" auf jene Aufführung zu deuten scheint, und da das Werk Frontons und die Ausgabe Barnets nur ein Jahr auseinanderliegen, so hält man Fronton für den Verfasser der durch Barnet edierten Tragödie.

---

⁴) Beaupré, S. 25.
⁵) Der Druck selbst ist am 30. Juni fertig gestellt.
⁶) Ribadeneïra, Catalogue des plus illustres Ecrivains de la Compagnie de Jesus, Lyon 1609, S. 74.
⁷) Ihn citiert zuerst der Pater Niceron (Mémoires pour servir à l'Histoire des Hommes Illustres, t. XXVIII.) — Diese Citate nach Parfait III. 446.

Ich gebe zu, dass diese Ansicht die wahrscheinlichste ist; doch scheinen mir folgende Erwägungen dagegen zu sprechen.

1) Der Titel des von Abram erwähnten Stückes „Joanna Puella Lotharinga" stimmt nicht zu dem des Barnetschen „H. tr. de la Pucelle de Dom-Remy, aultrement d'Orléans." Doch könnte hier Barnet ändernd eingegriffen haben.

2) Barnet behauptet in der oben genannten Dédicace, dass er den Autor seiner Publication nicht kenne. Wenn nun auch nach Abram jenes Stück Frontons suppresso Authoris nomine aufgeführt wurde, so war Fronton doch als Verfasser, wie aus der Schenkung des Herzogs hervorgeht, allgemein bekannt. Es muss also auffallen, dass Barnet acht Monate später ihn gar nicht gekannt haben sollte.

Die Wahrscheinlichkeit jener Annahme bestreite ich, wie gesagt, dennoch nicht. —

Mag nun Barnet das Frontonsche oder ein anderes Stück publiziert haben, — jedenfalls drängt sich noch die Frage auf: Hat Barnet seine Vorlage einfach abgedruckt oder überarbeitet?

Entschieden das letztere.[*]) Denn Barnet, so besagt das mehrfach erwähnte Schluss-Sonnett,

A mis la main à l'oeuvre et par effet notoire
L'A trop mieulx agencé que son premier autheur.
Tu en seras certain, Lecteur, se tu prens peine
De veoir ce beau subject, honneur de la Lorraine,
Et l'ornement qu'il a de bien gentille grace.
Sy que tu concluras que ce sien grand labeur,
Favorisé des Soeurs d'une vive couleur
A esclairci l'obscur qui estoit sur sa face.

Die von Barnet herrührende neue Act-Einteilung kündet schon der Titel an.[**])

Ein Nachweis auf Grund eigener Forschungen ist selbstredend nur möglich, wenn Barnets Vorlage einmal auftauchen sollte.

Charakter des Stückes.

Ebert (Entw.-Gesch. d. franz. Tragödie, S. 179, 80) stellt für den Ausgang des 16. Jahrhunderts neben den

---

[*]) Durand de Lançon, der Neu-Herausgeber, erklärt sich seltsamerweise für den einfachen Abdruck.

[**]) Dass deshalb das ältere Stück mysterienähnlich ohne jede Akt- und Scenen-Einteilung gewesen sei, wie Ebert (Trag., S. 180, Anm.) schliesst, folgt daraus noch nicht notwendig.

noch fortbestehenden mittelalterlichen Arten 3 Zwittergattungen französischer Dramen auf: solche, welche Elemente der alten Moralitäten und Mysterien verquickt bergen, Moralitäten, die den Einfluss der neuen „antiken Tragödie" erfahren haben, und Mysterien, mit Elementen der antiken Tragödie vermischt.

Die Hist. trag. rechnet er mit Fug zu der letzten Art. Der Stoff im ganzen und in vielen Einzelheiten — letztere sehr häufig neu erfunden — erinnert noch lebhaft an die Mysteriendichtung, wogegen Stil und Metrik (Alexandriner!) sich von Jodelle und Garnier und deren antiken Vorbildern (Seneca) beeinflusst zeigen. Am Schluss jedes Aktes ergeht sich ein Chor mit Strophe, Antistrophe und Epode (meist Siebensilbler) in allgemeinen Betrachtungen.

Der Stil zeigt mancherlei Anklänge und Reminiscenzen an die Antike, doch ist er im ganzen sachlich, einfach. Der übertriebene Bilderschwulst, das übermässige Kokettieren mit dem Altertum, wie wir es bei dem lateinisch schreibenden Valerand kennen gelernt haben, und wie es auch das demnächst zu betrachtende französische Stück aufweist, sind hier noch glücklich vermieden.

Oertliche und zeitliche Einheit ist nicht beobachtet, doch ist aus der Handlung alles Nebenwerk entfernt. Das Stück verfolgt nur das Schicksal Jeannes und concentriert sich ganz um sie.

27 Personen, ungerechnet den Choeur des enfants et filles de France, treten auf. Jeanne und Saint Michel ausgenommen, ist aber das Personal der 3 ersten und 2 letzten Akte total verschieden;[10]) zwischen ihnen besteht überhaupt ein tiefer Einschnitt: jene behandeln Jeannes Thaten, diese Gefangenschaft, Process und Tod.

## Inhalt und Quellen des Stückes.

Wegen der Seltenheit des Stückes[11]) und um einen Vergleich der Fabel mit den andern behandelten und noch zu behandelnden Texten zu ermöglichen, sowie um die Lösung der Quellenfrage zu erleichtern,[12]) sei eine knappe Analyse gestattet.

---

[10]) Beaupré, S. 32.
[11]) Auf deutschen Bibliotheken fand ich weder einen Text, noch — Beaupré ausg. — eine ausführlichere Analyse.
[12]) Deshalb ist auch überall da, wo ein Werk als Quelle benutzt zu sein scheint, dieses in Klammern angemerkt, und zwar stets nach Quicherat. Proc. I—V. (Bd. I enthält bekanntlich den 1. Process. Band II und III den andern.) Wo mehrere Werke als Quellen gewirkt haben können, sind sie sämtlich notiert, die Entscheidung behalte ich mir für nachher vor.

Akt I. 3 Scenen. (Jeannes Berufung.)

1. Scene: Exposition. Monolog: Louis de Bourbon, comte de Clermont, klagt über Frankreichs Unglück.
2. Scene: Dom-Remy. Nach 2maliger Aufforderung folgt Jeanne der Weisung Saint-Michels, zu Baudricourt zu gehen, der sie in Mannskleidern mit 2 archers zum König senden werde (I; Monstrelet IV, 362; Anonymus V, 30.)
3. Scene: Bourges (statt Chinon! Chronique de Lorraine IV, 330.) Clermont kündet Jeanne an (III, 103.) Jeanne erkennt den König, trotzdem Clermont, um sie zu prüfen, seinen Platz eingenommen, und enthüllt ihm ein Geheimniss (III; Abréviateur du procès IV, 258; Journal IV, 128; Miroir IV, 270; Sala IV, 278.)

Akt II. 3 Scenen. (Jeannes Prüfung und Aufbruch.)

1. Scene: Verhör. Drei Richter glauben an Jeannes Mission (darunter Alençon), einer nicht. Der König entscheidet, indem er für Jeanne Partei nimmt.
2. Scene: Jeanne wird mit 1800 Mann und dem fünfkreuzigen I, 179, 236; Pucelle-Chr. IV, 212) Degen von Fierbois nach Orléans gesandt.
3. Scene: Jeannes Rede an die Soldaten. Im Verein mit Boussac, Rays und dem Admiral (III, 4; Journal IV, 158) bereitet sie eine Zufuhr nach Orléans vor. Gegenseitige Schimpfreden der Belagerten und der Engländer.

Akt III. 1 Scene. (Bericht der Erfolge und Gefangennahme.)

Monolog: Der König dankt dem Himmel für Jeannes Erfolge bei Orléans, Troyes, Châlons, Reims. Dann berichtet René d'Anjou duc de Lorraine Kriegsepisoden, wie des Burgunderherzogs Kampf um Choisy Monstrelet IV, 397.) La Hire bringt die Schreckenskunde von Jeannes Gefangennahme, die durch den Verrat Flavys, des Kommandanten von Compiègne, bewerkstelligt ist (Abréviateur IV, 261; Miroir IV, 273; Chartier IV, 92, Cagny IV, 34.)
Chor: Ueber den Verrat.

Akt IV. 3 Scenen. (Process.)

1. Scene: Kerker in Rouen. Annahme eines Lösegeldes verweigert. Monolog Jeannes, der Saint-Michel den Trost bringt, sie werde jungfräulich sterben.
2. Scene: Discussion zwischen Sommerset und Talbot (in Wirklichkeit längst gefangen!) über die Art des zu führenden Processes. Dem wütenden S. sucht T. klar zu machen, dass ein formgerechter Process notwendig sei, um Jeanne auch moralisch zu vernichten. Die weltlichen Richter, denen sie ausgeliefert werden soll (I, 472), müssen mit Güte oder Gewalt zum Schuldigspruch gebracht werden (II, 312, III). Dann enthüllt der Staatsanwalt Jean Destivet (I, 24), Talbots Creatur, seinen Plan: „Par droict ou sans raison" will er Jeanne verklagen wegen: 1) Zauberei, 2) Ketzerei, 3) Streit-Erregung, 4) Tragen der Mannskleider, 5) göttlicher Anbetung (I, 327?).
3. Scene: Gericht. Cauchons Eröffnung mit einer Gleichnissrede (I, 475?). Destivets Anklage. Jeanne, die ihre Richter nicht anerkennt und sich auf den Papst beruft (I, 185, 445), verteidigt sich so gut, dass der Fiscalanwalt nur ewige Haft (I, 452) beantragt.
Cauchon vertagt den Urteilsspruch.

Akt V. 3 Scenen. (Verurteilung, Tod.) Die Handlung verblasst jetzt zu dialogischem Bericht.

1. Scene: Den Schluss des Processes erzählt ein Gentilhomme de Rouen: Jeanne ist zu ewigem Kerker verurteilt; doch ihr Todfeind Sommerset wird nicht ruhen, bis er sie vernichtet hat.

2. Scene: Sommerset rast gegen den Abbé de Fescoemp (Fécamp I; bes. I, 423, 463), der ihn vergeblich zu beschwichtigen sucht.
3. Scene: Ein Messager (nuntius bei Seneca!) berichtet alles, was er sieht, dem Gentilhomme und also den Zuschauern: Trompetenstösse. Sommerset hat sein Ziel erreicht: Jeanne wird sterben. (Den Anlass hierzu, Jeannes Rückfall, lässt der Dichter aus). Jeanne wird zum Scheiterhaufen geführt. Dort wird ihr ein eiserner Mundverschluss angelegt.

Die folgenden Verse, welche die Execution erzählen, sind so charakteristisch für den Autor und zugleich inhaltlich so original, dass ich sie als Probe anführe:

  Aprés, on luy a leu sa sentence donnée
  En la mesme façon qu' on fit dernièrement:
  Car elle avoit encore ung tel habillement,
  Ung sac qui la couvroit du pied jusqu à la teste
  Auquel on avoit peinct mainte figure infecte,
  De serpentz venimeux et horribles crapaux
  Et des corps tres-hydeux des diables infernaux.
  Sur la teste elle avoit une mitre pointue
  De papier, où ung diable avec sa main crochue
  Estoit peint tirassant ung misérable corps;
  Et ung aultre sembloit luy donner mille morts
  Avec une tenaille; et en tel équipage [13])
  Ils commencent sur elle à décharger leur rage.
  On avoit ja dressé ung eminent bucher,
  Dessus lequel premier on la vint attacher
  D'une chaisne de fer qui la tenoit pendue.
  Tant que la flamme fust jusqn' auprès espandue.
  Alors ou commença ce martyre cruel.
  . . . . . . . . . . . . . . . . . . . . . . . .
  Tantost on la haussoit tirant de la fornaise,
  Comme la voulant mettre ung peu mieulx à son ayse;
  Mais ô pitié! c'estoit pour aultant alonger
  Sa donleur: car après on la venoit plonger
  En ce piteux enfer, n'ayant plus la figure,
  Mais les os descouvers d'humaine créature.
  Lors vous eussiés ouy les voix des assistants;
  Coupe, coupe, bourreau, la corde et plus n'attend
  Tu l'as assés rotie. [14])

Das Herz leuchtet unverbrannt aus der Asche (II, 7; III, 159; Valerand), wie eine Rose aus Dorngebüsch. Alle sehen eine weisse Taube aus der Glut sich emporschwingen (II, 63, 352; Valerand.) Die Asche wird in die Seine geworfen (III, 160, 182, 185, 186, 188, 202, 354; Bourgeois de Paris IV, 474; Pius II. IV, 518; Valerand.)

  Gentilhomme: Gott, räche die Unthat!
 Der Chor endet: Vierge très chaste et très forte,
     De la France le bonheur,
     Et de Lorraine l'honneur. [15])

An 3 Stellen des Werkes bethätigt sich die eigene Erdichtung des Verfassers in grösserem Umfange: in der Verhörs-Scene (II 1), der Discussion zwischen Sommeret und Talbot (IV, 2) und der Detailschilderung bei der Execution (V, 3).

---

[13]) Sollte für diese Schilderung die Hinrichtung des Huss Muster gewesen sein?
[14]) Beaupré, S. 55/56.
[15]) Beaupré, S. 57.

Betrachten wir nun all jene genannten Fälle, wo der Autor Quellen benutzt haben kann.

Zunächst ist zu konstatieren, dass der Verdammungsprocess in einer übergrossen Anzahl von Fällen zu Rate gezogen ist; dicht hinter ihm folgt der zweite Process. Da beide an den betreffenden Stellen meist allein als Vorlagen möglich sind, so ergiebt sich: die beiden Processe sind die Hauptquellen.

Mithin drängen sie alle Werke in den Hintergrund, die neben ihnen (sonst nicht!) in vereinzelten Fällen als Vorlagen möglich wären, d. h. den Anonymus (in I, 2), Pierre Sala (in I, 3), das Journal (in I, 3 u. II, 3), die Pucelle-Chronik (in II, 2), Valerand (in V, 3 dreimal), den sog. Bourgeois de Paris und die Schrift Pius' II. (in V, 3.)

Von den noch in Frage bleibenden Chroniken — Abréviateur der Procès, Monstrelet, Chronique de Lorraine, Miroir, Chartier, Cagny — zeigt sich die Lothringerchronik (historisch sehr unzuverlässig; vgl. auch Quicherat IV, 329) einmal allein benutzt, wo ihr Einfluss nicht gut zu leugnen ist (in I, 3), desgl. Monstrelet (in III), (eine zweite Stelle bei Monstrelet — in I, 2 — wird durch den ersten Process paralysiert.) Chartier und Cagny, beide einmal und an derselben Stelle möglich (in III), verschwinden gegen den häufiger auftretenden Abréviateur und Miroir.

Die Benutzung dieser beiden zeigt sich nun je zweimal möglich und zwar beidemal an denselben Stellen, an deren erster (in I, 3) freilich der Reh.-Process den Vorzug verdient.

Betreffs der zweiten Stelle (in III) entsteht die Frage: Verdient hier der alleinstehende Miroir den Vorzug oder jener Chronist, der in seinem Werke ausser seinen eigenen Bemerkungen noch den vollständigen ersten Process und alles Wichtigere des zweiten vereinigt?[16]) Die Entscheidung zu gunsten des letzteren wird nicht schwer sein. Die ganze Sache hätte sich so wesentlich vereinfacht, indem eine unwichtigere Quelle und die beiden hervorragendsten Vorlagen aus demselben Werke entnommen wären.

Von den bisher behandelten Texten ist keiner quellenmässig benutzt.[17])

Zusammengefasst sind also als Quellen der Histoire tragique zu bezeichnen: Die beiden Processe in der Wiedergabe des Abréviateur, vereinzelt dessen eigene Bemerkungen, die Monstreletsche und Lothringer Chronik.

---

[16]) Das eben ist der Inhalt des Abréviateur (geschrieben 1500; z. T. wiedergedruckt 1581!). Vergl. Quicherat IV, 254 ff.

[17]) Dass das Mysterium einflusslos ist, hat schon Tivier a. a. O. betont.

# V.
## Tragédie de Jeanne d'Arques.

### Ausgaben.

Tragédie de Jeanne d'Arques dite la Pucelle d'Orléans Native du village d'Emprenne près Voucouleurs (!) en Lorraine. A Rouen, De l'imprimerie de Raphaël du Petit Val, Libraire et imprimeur du Roy, devant la grand porte du Palais, à l'Ange Raphaël. 1600. Avec privilége de sa Maiesté (48 Seiten).

Für die Exactheit der folgenden Angaben muss ich die Verantwortlichkeit den unten genannten Gewährsmännern überlassen.

2. Rouen 1603.[1][2])
3. Rouen 1606.[3])
4. Rouen 1607[1])
5. Rouen 1611.[1][5][2])
6. Rouen 1612.[1])
7. ? 1615.[6])
8. ? 1626.[2])
9. Troyes 1628.[1])

Trotz dieser anscheinend zahlreichen Ausgaben ist der Text jetzt sehr selten geworden.

Mir liegt eine Copie vor, die ich nach dem in Paris Bibl. nat. (Y 5631) befindlichen Druck von 1600 habe anfertigen lassen.

### Dichter.

Der Name des Verfassers findet sich in keiner einzigen der 9 Ausgaben.

[1]) Barthélémy de Beauregard, hist. de J. d'A., suivie d'un catalogue.
[2]) Ebert, Entw.-Gesch. der franz. Tragödie, S. 181.
[3]) Mitschke, Engl. Studien XVII, S. 80; (meint er diese Tragödie?)
[4]) Catalog der Soleinneschen Bibliothek III, 55.
[5]) Parfait a. a. O. IV, 161; hier steht „native d'Épernay . . . par un auteur anonyme." Sie behaupten, das Stück müsse viel älter als 1611 sein; ob sie eine jener älteren Ausgaben gekannt haben, melden sie nicht.
[6]) Guessard et de Certain, Mistère, S. 790. Ihre Bezeichnung als „zweite Auflage" ist nach dem Obigen falsch. — Sie citieren übrigens auch Beauregard und Soleinne.

Wie die Herausgeber des Mysters (S. 790) angeben, schieben der Bibliothekskatalog Soleinne (III, 55) und Duval (Dictionnaire des ouvrages dramatiques [Bibl. nat.] suppl. fr. 5115) die Dichtung zuerst einem Virey des Graviers zu, — mit welchem Recht, sagen sie nicht. Gebr. Parfait behaupten, in dem Text von 1611 stehe sogar „par un auteur anonyme". Angenommen, Soleinne und Duval hätten recht, ⁷) wer ist dann dieser Virey des Graviers?⁸)

Ist er identisch mit Jean de Virey, sire du Gravier? Ueber diesen weiss Parfait (III, 559) einiges zu berichten.

Er war gebürtig aus der Nähe von Caen (Basse-Normandie) und that Kriegsdienste seit 1571 beim Maréchal de Marignon. Lieutenant Général der Provinz, der sein Gönner wurde und ihm dir Stadtkommandantur in Cherbourg verschaffte. Den Rest seines Lebens verbrachte er in Valognes.

Nach Beendigung der Kämpfe glaubte er den Pegasus nicht minder gut als das Kriegsross tummeln zu können: er übersetzte das Maccabäerbuch und schuf seine Uebersetzung später um zu: „La Machabée. Tragédie du martyre des sept freres, et de Salomone leur mere", einem mysterienhaften Stück ohne Akte und Scenen.⁹) Die Dédicace an die Gemahlin seines Gönners ist datiert vom 25. März 1596. Sein zweites Werk behandelt denselben Stoff: „Tragédie divine et heureuse victoire des Machabées sur le Roy Antiochus", dem Bischof von Coûtances gewidmet (1600).

Diese Werke sind Vireys einzige Publication, sagen Gebr. Parfait.

Dass schliesst nun freilich nicht aus, dass er die Trag. de Jeanne d'Arques anonym hätte erscheinen lassen können, wenn das ohne weiteres auch nicht wahrscheinlich ist.

Mit den Hilfsmitteln, die uns zu Gebote stehen, ist die Frage nicht zu lösen.

## Inhalt und Charakter der Textes.

Auf das Titerblatt folgt ein Prosatractat: Au Lecteur sur l'Argument de la Tragédie. Dieses Argument erklärt in schwülstiger Diction, dass das nachfolgende Werk die hohen Verdienste der Pucelle feiern solle. Der Dichter bemerkt dann, er habe die Details von Jeannes Katastrophe im Stück absichtlich unterdrückt und zwar, um der Geburtsstadt seines Werkes unangenehme Erinnerungen zu ersparen. [10]) Damit man aber nicht etwa Unwissenheit für den wahren

---

[7]) Puymaigre (S. 19) nimmt es einfach als sicher an.
[8]) Frère, manuel du bibliographe normand giebt, wie mir mitgeteilt wird, keine Auskunft, entgegen dem Citate der Myster-Herausgeber.
[9]) Parfait III, 509.
[10]) „qui (sc. l'Autheur) pour pardonner aux Normans, et pour celer le lieu de son desastre, a rigoureusement traité sa Muse, retenant sa course dans une ample carriere."

Grund halte, berichtet er sie naiver Weise an dieser Stelle Die Gefangennahme vor Compiègne durch Jean de Luxembourg und die Auslieferung an die Engländer. Die Furcht, der Neid und die Mordgier dieser, besonders Bedfords veranlassten den Bischof Cauchon, um ausser dem Leben ihr auch den Ruhm zu nehmen, sie als Hexe verbrennen zu lassen, ainsi qu'il est dit (!), und zwar auf dem Alten Markt zu Rouen, am Vorabend von Frohnleichnam, dem 30. Mai 1422 (!)[11])

Es folgt dann ein Prolog von 70 Alexandrinern, der mit ungeheurem Aufwand von antiken Vergleichen in schier endlosen Wiederholungen das Lob der Jungfrau besingt, „die Frankreich gerettet, den treulosen Fremdling zur Rückfahrt, zum Selbstmord gezwungen und schliesslich auf dem Holzstoss geendet hat" (s. u.).

Dann das Personenverzeichniss: Les Entre-parleurs:[12]) Le roy Charles septième. Le Duc d'Alençon. La Pucelle. Le Bastard d'Orléans. Le conte de Suffort. Glacidas Anglois. Le Seigneur Talbot. Lucidam Anglois. Les Gendarmes executeurs. Allide Anglois. Les filles de France.

Allide, der Gegensprecher Talbots, und Lucidam, der als Wächter placierte Gegensprecher Jeannes, sind vom Dichter neu erfunden.

Den Rest des Druckes nimmt die Tragödie selber ein. Sie ist in Alexandrinern geschrieben und in 5 Akte geteilt, deren jeder ausser dem vierten mit einem Chor schliesst. Die Chorgesänge der 3 ersten Akte haben ein abweichendes Metrum.

Die Akte enthalten nur je eine Scene, der dritte ausgenommen, der, obwohl keine Trennung markiert ist, doch dem Sinne nach sich besser in 2 Scenen zerlegt.

In jedem Akt treten andere Personen auf, ausser dem Chor und der Pucelle, die in II, III 2, V vorkommt.

Akt I. (Wehklagen über das Unglück.) Le Roy. Le Duc d'Alençon.

Exponierend schildert der König in 118 Versen[13]) das Elend seines Landes und seine Wut. Alençon ermutigt ihn, so dass der König sich entschliesst, noch einmal „quelques troupes legeres" ins Feld zu führen. — Der Chor erhebt dann in 5 Strophen Klagen und preist den Zufriedenen glücklich. Metrum des Chors: 7-8a 7-8a 6(5,7)b⁔ 7-8a 7-8a 6(5,7)b⁔.

Akt II. (Ankunft der Pucelle.) La Pucelle. Le Bastard d'Orleans.

Die Pucelle in Begeisterung: Genug des Hirtenlebens! In den Kampf! Träume, die Boten des allmächtigen „Jupin", haben mir das Werk befohlen.

---

[11]) Druckfehler? Der Rest der Datirung stimmt richtig für 1431. (1422 fiel der Vorabend auf den 10. Juni.) — Nach Grotefend, Zeitrechnung I.

[12]) Nicht Entrepreneurs, wie Puymaigre (S. 19) schreibt.

[13]) Der Dichter lässt durchweg der den Akt eröffnenden Rede einen kolossalen Spielraum.

Das Vaterland will ich befreien, die Engländer töten! Der Bastard willigt nach zahllosen Einwänden, die von der Pucelle mehr schlagfertig als logisch beantwortet werden, zögernd ein. Monolog der Pucelle: Gebet; Bitte um Hülfe. — Der Chor, hier wohl nach dem Muster des Horaz, führt den Gedanken aus: Der Fromme fürchtet nichts; denn Gott hilft. (8 Strophen: 8a ⌣ 8b 8a ⌣ 8b.

Zwischen II und III hat Jeanne Gehör erlangt und Siege erfochten, (welche, bleibt unbestimmt.)

### Akt III. Triumph der Franzosen.

In ihm pulsiert das relativ kräftigste dramatische Leben.

1. Scene: Conte du Suffort hält einen Monolog: Wuth und Verzweiflung über die Niederlagen; aber morgen Rache!
Da bringt Glacidas die Schreckensnachricht: Eile! Schon siegt sie wieder! Darob rast Suffort nur noch mehr.

Zwischen 1 und 2 wird Orléans befreit.

2. Scene: Pucelle. Monolog: Sieg und Triumph! Orléans ist frei!
— Der Chor spricht in 12 Strophen über: Alles ändert sich; das Glück ist wankelmütig, aber die Götter sind gerecht. Die Trauer des Gerechten wandelt sich in Freude. 7a 7b ⌣ 7a 7b ⌣.

Zwischen III und IV: Neue Niederlagen der Engländer; Suffort, Glacide, Salbris sind gefallen; Flucht an die Küste.

### Akt IV. (Talbot stirbt. — Bericht von der Gefangennahme und Verdammung der Pucelle.)

Le Seigneur Talbot Anglois. Monolog: Wehklagen; warum überlebe ich allein die Schmach? Ich soll der Unglücksbote sein? Nein, lieber sterben!

Allide kommt hinzu; in einer Wechselrede, ähnlich der zwischen Pucelle und Bastard in II, sucht er ihm den Selbstmord auszureden, ihn zu ermutigen. Talbot scheint endlich einzuwilligen; er giebt Befehl zum Rüsten der Abfahrt. Allide deshalb ab.

Talbot. Monolog: Ich will doch sterben! Er tötet sich. — Währenddem ist die Pucelle gefangen und zum Feuertod verdammt. Allide zurückkehrend wehklagt über den voreiligen Entschluss des Feldherrn.

### Akt V. (Abschied.)

La Pucelle.      Lucidan Anglois.
Gentilshommes.      Les filles de France.[14])

Pucelle: Wehklagen; der unverdiente Tod schmerzt mich. — Möge es schnell geschehen! Mein Name wird bleiben! Mädchen von Paris, Trois, Poitiers, Orleans, vergesst mich nicht! Der Tod fürs Vaterland ist nicht herbe! — Wehe! Lebt wohl! Gott, steh mir bei!

In diese Ergüsse schneiden Lucidans Mahnungen ein zur Mässigung, zur Eile, zur geistlichen Vorbereitung auf den Tod.

Les Filles de France: Wehe, sie stirbt! Fahre wohl! Ihr Engländer seid nicht mit ihren Qualen zufrieden, ihr wollt auch ihren Ruf schänden. Doch wir wollen dein Grab mit Blumen schmücken; ein Denkmal mit deinem Bilde und dem unseres Fürsten soll dich ehren, zu ihm wird in jedem Frühling unser Volk wallen. Gelehrte werden deinen Namen verewigen, werden ein Werk schaffen, welches das Volk an einem Festtage auf dem Theater sehen wird.[15]) Leb wohl!

---

[14]) Sie bilden hier den Chor.
[15]) Auf den Rehab.-Proc., wie Puymaigre (S. 19) meint, wird nicht angespielt.

Gentilhomme Anglois: Endlich sind wir gerächt! Das Feuer, welches sie als Hexe verbrannte, hat ihren Ruhm gelöscht. Ehre ihrem tapferem Werk! Doch können wir nun wenigstens sagen, dass Frankreich mit Zauberkünsten den Sieg erlangt hat.[16])

Seinem Charakter nach verhält sich unser Stück zu der Histoire tragique, wie diese zum Myster. Die Histoire bildet in dramatisch-technischer Beziehung den Uebergang, das vermittelnde Glied zwischen den beiden andern Stücken.[17]) War das Myster in Technik, Sprache und Metrik noch ganz ein Kind des Mittelalters, so zeigte die Histoire tragique schon deutlich den Einfluss der Antike (Seneca) und der unter ihrem Banne stehenden französischen Musterdichter[18]) durch die Vereinfachung des Stoffes, die Einführung des Chors, durch mancherlei Anspielungen auf die antike Welt und durch den Alexandriner, — obwohl das Stück den Mutterboden, auf dem es erwachsen war, die mittelalterliche Mysteriendichtung, nicht verleugnen konnte.

Die „Jeanne d'Arques" nun ist noch einen Schritt weiter gegangen; sich hat sich ganz von jener Dichtungsart emancipiert. In ihr ist von Anklängen an Mysterien nichts mehr zu verspüren. Die Handlung tritt fast ganz hinter die Scene zurück, auf der nur pompöse Diction in Form von langatmigen Monologen und Dialogen prangt. Der Stoff ist bis zur Verblassung vereinfacht.[19]) Der Schwulst der aus der Antike entnommenen Bilder und Wendungen hat die (noch in der H. tr. vorhandene) Klarheit der Diction bisweilen stark getrübt; hierin nähert sich das Werk dem lat. Epos des Valerand.

In weit höherem Masse als die H. tr. zeigt die Tragédie somit den Einfluss Ronsards und Malherbes auf den Stil: gelehrt-mythologische Anspielungen und überschwengliches Pathos, sowie Einwirkungen Jodelles[20] („Cléopâtre") und Garniers auf die Technik: Aktschluss durch den Chor und Einführung der sog. Vertrauten (s. u.). Letztere fehlen der H. tr. — abgesehen von dem dialogischen Bericht des V. Aktes — noch gänzlich.

Doch ist hier wie dort die Einheit des Orts und der Zeit noch nicht innegehalten, wohl aber die der Handlung. Der Bau der einzelnen Akte hält im ganzen stets

---

[16]) Dass der Dichter weit besser gethan hätte, die beiden letzten Reden umzustellen, braucht nicht betont zu werden.
[17]) Doch ist hieraus nicht zu folgern, dass das Myster auf die Histoire oder Tragédie oder die H. auf die Tr. direkten Einfluss geübt habe.
[18]) Ueber Seneca in der franz. Literatur vgl. Kahnt, Gedankenkreis der Sentenzen in Jodelles und Garniers Tragödien und Senecas Einfluss auf denselben; Marburg 1887. (A. u. A. 66.)
[19]) Das Nähere hierüber wird unten in der Quellenfrage erörtert werden.
[20]) Puymaigre, S. 19.

dasselbe Schema inne: Ein langer Monolog der Hauptperson eröffnet sie; dann greift der Gegensprecher mit Einwendungen ein, auf welche die Hauptperson erwidert. Diese Reden und Gegenreden, anfänglich auch von nicht unbeträchtlichem Umfang, verkürzen sich allmählich bis auf einen Vers und leisten dann Kunststücke in Gegenüberstellung spitzfindiger Antithesen; das Ende führt dann meist die Hauptperson durch eine längere Schlussrede herbei.

Akt III (Sufforts Wut über die Niederlage, Glacides Nachricht von neuen Siegen der Pucelle) und V (der Pucelle Klagen vor der Hinrichtung) bieten keine Gelegenheit, solche Antithesen vorzuführen; deshalb bilden sie eine Ausnahme von jenem Schema.

Einige Beispiele für den Stil zu geben, sei hier gestattet.

Um einen würdevollen und schwunghaften Eingang zu haben, spinnt der König einen Vergleich breit aus, in dem der englisch-französische Krieg zu dem Gigantenkampf in Parallele gesetzt wird.

Der Bastard glaubt zuerst, die Pucelle wolle den Feind nicht mit Waffengewalt, sondern durch die Macht ihrer Schönheit besiegen, und ohne zu bedenken, welch heikler Natur die von ihm gewählten Vergleiche sind, fährt er fort:

ainsi Venus armee
Domta le triste Mars sous la fresche ramee,
Junou son fier mary, le fort Tyenthien
Deianire, l'honneur du vaillant Pellien
Briseis la captive, ainsi l'Egyptienne
Surmonta le Romain sur l'onde Nilienne.[21]

Kurz darauf bringt er den Gedanken „welcher Wahn ist dir so schnell in den Kopf gestiegen" in die geschraubte Form:
Mais encor quel demon, quel heur, quel songe vain
Par la porte yvoirine est venu si soudain.

Suffort nennt die Pucelle eine verruchte Medea, eine thessalische Hexe im Besitze kolchischer Zauberkünste.

Um dem verzweifelnden Talbot Mut zu machen, citiert Allide das Beispiel des zähen Epirotenfürsten Pyrrhus und fährt alsbald fort:
Le vaillant Pellien après tant de victoires
Tant de labeurs passez, tant de maux, tant de gloire:
Laissa à la parfin dessus le mur Troyen
Son corps descendre voir son cher Messetien
L' Alcide, son Islas, son compagnon Thésée
Troille son Hector, son Euridice Orphee:
Si vos amis sont mort il en faut acquérir
D'autres que nous pourrons ainsi qu'eux secourir.

---

[21]) Ich citiere hier und im Folg. wörtlich nach der mir vorliegenden Copie

Talbot.
Le change bien souvent en est fort dommageable.
Allide.
Le change bien souvent en est fort profitable.[22])
Hoch charakteristisch ist der Monolog Talbots vor dem Selbstmorde. Zuerst ruft er die Eumeniden an, malt sich dann behufs einer Auswahl verschiedene Todesarten aus und endet mit einem wahren Platzregen von antiken Namen:

C'est assez, je suis seul, il faut que je m'avance
De nager dans Cocyte, et qu'insensé je pense
De me donner la Parque à mes tristes malheurs.
Vous, filles d'Acheron, vous Euménides soeurs,
Thesiphon Erimnis, qui brulez en la dextre
Les flambeaux enrougis de sang pour vostre sceptre,
Qui seignez alentour de serpens vos cheveux,
Glissant deçà, delà de leur ventre baveux,
Aidez-moi maintenant, j'ay affaire de vous,
Jettez, jettez sur moy vostre rouge courroux,
Vostre rage, vos feux, jettez vostre Athamente,
Le roch Sysiphien, la Cadméiqu' Amente:
La vague Tentabide et les Bellides soeurs,
Et tournez contre moy vos flambeaux punisseurs.
Où dois-je commencer, las! quel genre de peine,
Faut-il que je choisisse? ô fortune inhumaine
O desastre! ô malheur! n'attacheray-je au col
Pour esteindre mes ans un infame licol?
Ou si d'un haut rocher à la teste gelee
Je lanceray mon corps dedans l'onde azuree?
Non, non, ce mien poignard à mon ceur dédié,
Cet acier flamboyant ce bras tant ennuyé
Me conduira là bas dans les eaux avernalles
Pous vivre à tout jamais parmy les ondes palles
Ainsi li le fier Romain de son propre couteau
S'enfile pour re voir un triomphe nouveau.
Osons donc hardiment, et toy ma triste main
Fiche ce fer cruel par un coup inhumain,
Vous filles de la nuit, aidez moy derechef,
Courez, me voicy prest, punissez mon meschef,
Parques, Stix, Acheron, Cerbere, Proserpine,
Avance toy, poignard, enferre ma poitrine. —

Die Filles de France trösten Jeanne:

Ensevely tes maux par un regard benin
Qui te sera dardé des beaux geux de Jupin.

---

[22]) Dies zugleich ein Beispiel für die seltsamen Antithesen.

Die Thätigkeit, welche die auftretenden Personen in der Geschichte oder den bisher betrachteten Dichtungen entwickeln, ist hier völlig verblasst. Alençon und der Bastard sind zu blossen Vertrauten degradiert, Glacidas hat nur eine Botenrolle, von Allide und Lucidam gar nicht zu reden. Die Charakteristik der Personen verschwindet hinter der pathetischen Diction. Einzig die Pucelle lässt einen Zug erkennen und zwar jenen bramarbasierenden, den schon Valerand seiner egregia bellatrix mitgegeben hatte, und der so sehr nach dem Geschmack der Zeit war. Von einem Einfluss Frontons ist hier gar nichts zu merken.[23]

Angesichts des nahen Todes fällt Jeanne freilich aus der Rolle.

Wenn man nun noch erwähnt, dass Talbot, als er durch Selbstmord sich seinen Pflichten entzieht, nicht gerade mutig zu nennen ist, so ist alles über die Charakterisierungskunst des Dichters gesagt.

Wie die Charaktere sind auch die Ereignisse ganz verwässert, ins Allgemeine und Unbestimmte gezogen.

Von den einzelnen Thatsachen sind nur noch erkennbar: Jeannes Vision im Traum, die Befreiung von Orléans, der Tod der Engländer Suffort, Glacide und Salbris — alles nur in der Rede kurz gestreift — sowie die Gefangennahme und der Tod der Pucelle. Von sämtlichen Details der Kämpfe um Orléans, dem ganzen darauf folgenden Siegeszuge, der Krönung zu Rheims, den Processen keine Spur!

Nur die Namen „Paris, Trois, Poitiers, Orléans (man beachte die confuse Reihenfolge!), deren Töchtern Jeanne in der Abschiedsrede besonders ans Herz legt, ihr Andenken zu wahren, erinnern noch an die Ereignisse, die sich zur Zeit Johannas dort abgespielt haben.

Als Abweichungen von der Tradition sind folgende Besonderheiten unseres Stückes zu konstatieren: Die Schreibung Arques und der Geburtsort Emprenne[24] bei Voucouleurs im Titel, die Angabe, Salbris sei erst nach der Befreiung von Orléans gefallen (in Wirklichkeit lange vor der Ankunft Jeannes daselbst), ferner diejenige von Talbots Flucht an die Küste und Selbstmord (während er bei Patay gefangen wurde).[25]

---

[23] Jenes schamhafte Zaudern beim Empfang des göttlichen Befehls z. B. wäre bei der Jeanne d'Arques ganz undenkbar.
[24] Parfait nennt Epernay für die Ausgabe von 1611.
[25] Ueber die Einführung von Allide und Lucidam s. o.

## Quellenfrage.

Da, wie soeben auseinandergesetzt, die Fabel des Stückes in so allgemeinen Umrissen gehalten ist, und Details, die auf gewisse Vorlagen Schlüsse erlaubten, gar nicht vorhanden sind, so ist es geradezu unmöglich, bestimmte schriftliche Quellen zu fixieren.[26]) Die wenigen vorkommenden Ereignisse und Namen sind eben als das Fundament der ganzen Geschichte fast in jeder Chronik enthalten;[27]) andererseits sind die paar Abweichungen nirgendwo sonst nachzuweisen. Der Dichter scheint demnach vor allem mündlichen Ueberlieferungen gefolgt zu sein; wie sehr diese aber schon verblasst und jeder genaueren Kenntniss verlustig gegangen waren, zeigt eben das vorliegende Werk. Die Abweichungen hat der Autor dann entweder schon in der Tradition vorgefunden oder — und das ist das wahrscheinlichere — nach eigenem Gutdünken und seinen Begriffen von dramatischen Effekten selber vorgenommen.

Auf mündliche Quellen scheint mir auch der Zusatz zu deuten, welchen das Argument dem Bericht von der Hinrichtung hinzufügt: ainsi qu'il est dit. So kann sich auch der ebenda vorkommende Anachronismus 1422 statt 1431 erklären.

Die Worte des Filles de France: en vostre faveur
Ourdirons quelque ouvrage enflé de vostre honneur
Qu' ils monstreront apres pour heureuse conqueste
Sur un theatre au peuple, a un saint jour de feste
könnte man, besonders wegen des letzten Zusatzes, als eine Anspielung auf die Aufführungen des Mysteriums in Orléans auffassen. Doch folgt daraus noch nicht, dass der Dichter das Myster selbst gekannt habe, was bei der geringen handschriftlichen Verbreitung desselben sogar sehr unwahrscheinlich ist. Uebrigens kann sich auch die ganze Stelle ebenso gut auf die „Jeanne d'Arques" selbst beziehen.

Valerand und unser Dichter haben freilich, wie oben gezeigt, in der amazonenhaften Auffassung der Pucelle und auch im Stil Berührungspunkte; doch liegt beides, wie erwähnt, im Geschmack der Zeit begründet.

Ebenso ist das der Tragödie mit der Histoire tragique Gemeinsame (Chor, einiges Stilistische) zu erklären. Der Aufbau beider ist, besonders in den 3 ersten Akten, nicht ähnlich genug, um irgend welche Schlüsse zu gestatten.

---

[26]) Vielleicht könnte das Gelübde der Filles de France, der Pucelle an der Loire ein Denkmal zu setzen, der lat. Geschichte Burgunds von dem Holländer Pontus Heuterus (1583) (Quicherat IV, 448), wo die virgines et matronae Aurelianenses es thun, entlehnt sein.

[27]) Auch aus den Angaben des Argument ist nichts zu folgern.

Man vergleiche:
Histoire tragique

Scenen in Dom-Remy. Ankunft der Pucelle in Bourges.

Prüfung der Pucelle. Zug nach Orléans. (Siegeslaufbahn der Pucelle.²⁴)

Gefangennahme der Pucelle.

Kerker. Process.

(Tod der Pucelle.) Bericht über die Execution. Klagen.

Akt I.

Akt II.

Akt III.

Akt IV.

Akt V.

Tragédie

Wehklagen des Königs.

Ankunft der Pucelle. (Siege vor Orléans' Entsetzung.)

Sufforts Wut. (Orléans' Befreiung.) Triumph der Franzosen. (Neue Siege. Flucht der Engländer.)

Talbots Selbstmord. Gefangennahme und Verdammung der Pucelle.

(Tod der Pucelle.) Wehklagen der Filles de France.

## Aufführungen.

Drei Stellen des Textes beweisen, dass die Jeanne d'Arques bestimmt war, aufgeführt zu werden, und machen diese Aufführung selbst wahrscheinlich: Der Schluss des Prologs bittet die Zuschauer um Aufmerksamkeit und Ruhe:
 fuyez doncques d'icy:
Or chassez de vos coeurs tout ennuieux soucy
Imitez Harpocrate et sous une presence
Ornez nostre echafaut d'un Pharien silence.

Die oben citierten Worte der Filles de France deuten, falls sie sich nicht auf das Myster beziehen, ebenfalls auf eine Aufführung.

Für eine Darstellung in Rouen spricht die Fortlassung der für diese Stadt unrühmlichen Katastrophe der Pucelle. Wäre die Aufführung nicht beabsichtigt worden, so wäre es zwecklos gewesen, diesen Abschnitt in das Argument zu verweisen, wo er ja dem Leser ebenso zugänglich war wie in der Tragödie selber.

Puymaigre (S. 19) meldet denn auch, dass das Stück zuerst in Rouen aufgeführt sei; er weiss auch von einer späteren Darstellung im Théâtre du Marais zu Paris zu berichten. Duval (Dict. des ouvr. dram.)²⁹) kennt sogar drei Spieljahre: 1600, 1603, 1611. — Woher diese Mitteilungen stammen, sagen beide nicht.

---

²⁸) Die Handlung, deren Inhalt die eingeklammerten Worte angeben, geht hinter der Scene vor sich.
²⁹) Vgl. die Myster-Ausgabe S. 790.

## VI.
### Les Amantes ou la grande pastorale,
### par
### Nicolas Chrétien.[1])

Les Amantes ou la grande pastorale, par Nicolas Chrétien sieur des Croix Argentenois, en 5 actes, en vers, avec un prologue, enrichie de plusieurs belles et rares inventions et relevée d'intermèdes héroïques à l'honneur des François. Paris, 1608, bei Raphaël du Petit Val (dem Herausgeber der „Jeanne d'Arques.")
Eine zweite Ausgabe erschien 1613.[2])

Dieses Stück ist eine Pastoraldichtung nach dem Vorbild des Pastor fido und der Aminta und hat nichts mit dem Pucelle-Stoff gemein.

Doch hat der Dichter am Schluss eines jeden Aktes ein Zwischenspiel (intermède) angefügt, deren 4 erste Stoffe aus der altfranzösischen Geschichte und den Kreuzzügen, deren letztes die Thaten Jeannes behandeln.

Ihrer Natur als intermèdes gemäss geben diese (in Alexandrinern geschriebenen) Scenen nur einen kurzen Abriss der Geschichte:

Monolog Jeannes, die nur zögernd dem göttlichen Befehl Folge leistet. Monolog Karls VII., dem dann Baudrincourt die Ankunft der Pucelle meldet. Der König, zuerst widerwillig, wird im Verlauf eines Antithesen-Dialogs, wie er schon in der „Jeanne d'Arques" öfters zur Anwendung kam, überredet, sie zu empfangen:

K: Qu' une fille ait l'honneur de ce que tant d'héros
    Effectuer n'ont pu? Cela n'est à propos.
B: Que Dieu ne puisse bien lui donner la puissance
    De parfaire ce fait? Ce n'est hors de créance.
K: Pourquoi nous feroit-il un si étrange bien?
B: Pour montrer qu 'il peut tout est les monarques rien.
K: Un fait contre nature est toujours rejetable.
B: Un fait contre nature est plus tost admirable.

---

[1]) Vgl. für diesen Text Puymaigre, S. 22—26.
[2]) Guessard et de Certain, Mystère, S. 794.

K: Il porte en lui souvent le mensonge inventé.
B: Ce qui de Dieu provient est plein de vérité ...
K: Pensez-vous que ce fait provienne de sa dextre?
B: Je le croy pour divin en tous actes paroistre.
K: Qui vous en fait juger?
B: Le propos, la fierté
De la fille inspirée et sa simplicité.
K: Un démon seroit bien auteur de cette ruse.
B. Il n'est point de démon qui ne troupe ou abuse.[3])
etc. etc.

Die Jungfrau wird vorgelassen und erkennt trotz der Täuschuug den echten König. Man glaubt ihr. Es folgt dann eine Scene, in der Talbot, Jean Pomard und „Glasside" sich ihrer Erfolge rühmen; ihnen tritt aber Jeanne entgegen.

Die gesamten Kämpfe werden dann einfach mit der scenarischen Bemerkung abgethan: combat, siège levé. Ein auf den lebenden König (Heinrich IV.) zielender prophetischer Monolog schliesst das Stück. —

Dass bei solcher Dürftigkeit der Angaben jeder Versuch eines Quellennachweises fruchtlos bleiben muss, liegt auf der Hand.

[3]) Nach Puymaigre, S. 24/25.

## VII.
### Nicolai Vernulaei
### Joanna Darcia, tragedia.

**Dichter und Angaben.**

Nicolas de Vernulz (Vernultz) ward am 13. April 1583 zu Rubelmont in Luxembourg (Commune Willier-la-Loue) geboren. Sein Vater Pierre war Compagniechef in der flandrischen Armee, seine Mutter war eine geborene Marie de Merian.

V. widmete sich den humanistischen Wissenschaften und der Theologie in Trier, Cöln und Löwen. Hier verblieb er auch später als Professor und Historiograph Ferdinands III. 1619 übernahm er die Leitung des Meyliusschen Gymnasiums, 1646 docierte er Geschichte im Collège des trois langues.

Nach einem arbeitsreichen Leben starb er in Löwen am 6. Februar 1649 und liegt in der dortigen Peterskirche begraben.

Vernulz selber hat seine Tragödie 2mal herausgegeben:

1. Nicolai Vernulaei, publici eloquentiae professoris in Academiâ Lovaniensi, Joanna Darcia, vulgo Puella Aurelianensis, tragedia. Lovanii, typ. Phil. Dormalii 1629; [1]) (in 8⁰, 52 Bl.)

2. Eine Gesamtausgabe seiner 10 Stücke:

Vernulaei historiographi regii, publici eloquentiae professoris tragediae decem nunc primum simul editae. Lovanii apud Joannem Oliverium et Cor. Coenesteinium, 1631 (in 8⁰, 763 Seiten.) I Band.

3. erschien eine 2bändige Gesamtausgabe nach seinem Tode: Nicolai Vernulaei historiographi regii et Caesarei publici eloquentiae professoris Lovanii tragediae in duos tomos distributae; editio II priore aliquot tragaediis, nunc primum in lucem editis, auctior, additum Bernardi Heymbachi otium itinerarium, in quo natura tragediae examinatur. Lovanii typis Petri Sasseni et Hier. Nempaei, 1656 (in 12⁰, 1040 Seiten). Unser Stück befindet sich II, 295—378.

Schliesslich hat Ant. de Latour einen Neudruck der „Jonna Darcia" veranstaltet, den er dem Monseigneur Couillé, Bischof v. Orléans, gewidmet hat.[2])

---
[1]) Richelieu gewidmet, den V. der Pucelle vergleicht (!)
[2]) Jeanne d'Arc, tragédie latine, en 5 actes par N. de V. Édition nouvelle accompagnée d'une traduction française en regard et d'une dédicace-intro-

## Inhalt und Charakter des Textes.

Die kurze Vorrede — Argumentum — enthält eine ganz knappe Zusammenfassung der Geschichte Jeannes und eine Quellenbemerkung (s. u.)

Die Personae Tragaediae sind: Carolus VII, Reginaldus archiepiscopus Remensis, Carolus Borbonius, Culsantus (Culan), Rayus (Rais), Joanna Darcia, Joannes Aurelius (s. u.), Pulengius, Bethfortius, Suffortius (Suffolk), Talbotus, Glacidas, Theologi Marcellus et Bertrandus, Lucidas (s. u.); verschiedene Personengruppen, Chorus, Senex (s. u.)

Das Schema der Verse ist: ⏑—⏑—⏑—⏑—⏑—⏑—; doch gestattet sich der Dichter weitgehende Freiheiten in Bezug auf den Auftakt und die Ersetzung einer Länge durch 2 Kürzen und umgekehrt.

Das Metrum der Chöre ist verschieden.

### Akt I. (Exposition; Schilderung der Not.)

1. Der König klagt über die Niederlagen. Doch hofft er noch auf Glückswechsel. Sonst will er sich töten.
2. Borbonius sucht ihn zu trösten. König: Nur Bourges ist noch treu; Orléans in höchster Not. — Zweimal schon hat der Engländer gesiegt. Culsantus ermutigt ihn durch Verweisen auf das Vorbild Martels, Rayus feuert zu neuen Kämpfen an, so dass der König befiehlt: Sammelt neue Soldaten.
3. Ein Gesandter aus Orléans fleht um Hülfe: Clermont ist aus Orléans entflohen. Culsantus: Versuche, ob die Engländer zufrieden sind, wenn wir dem Burgunder die Stadt überlassen.
4. Volk: Hülfegeschrei! König: Harrt aus!

Mädchenchor (— — — — — — — ⏑ — —, nicht streng innegehalten) wehklagt, fleht um Schutz.

### Akt II. (Joanna wird Feldherrin.)

1. Joanna: Gott hat mich, die Hirtin, von den Fluren zum Krieg, zur Befreiung Frankreichs gerufen.
Pulengius: glaubt ihr, will sie dem König ankündigen.
Joanna: Geh! — Ich Schwache soll Orléans befreien? Doch Gott befiehlt's!
2. König in Verzweiflung. Rayus hat nur wenige Soldaten gesammelt. — Pulengius kündet Joanna an. König ungläubig; doch sie komme. Borbonius allein dagegen.
3. Joanna kommt, durchschaut die Täuschung, mit der Borbonius sich als König geriert, und wendet sich zu König Karl. König: Was zu thun? Sie gefällt mir. Borbonius, Culsantus: Die Priester sind zu fragen!
4. Joanna vor den Theologi: Ein himmlischer Jüngling hat mir mehrmals Gottes Befehle kund gethan. Theologi: Krieg ist nichts für Mädchen. Joanna: Es ist Gottes Wille! [Ab.] Th.: Solches kann sie nur von Gott haben. Borbonius, Rayus, König: Sie führe das Heer.

Mädchenchor und Greis: (— — — — — — — —): Endlich die Wendung.

---

duction par M. Antoine de Latour. Orléans (Herluison' 1880; 260 Abzüge. — Ausser dem Verdienst der (nicht immer genauen) Uebersetzung hat L. noch dasjenige, Biographisches über V. gesammelt zu haben. Seine Bemerkungen über frühere und spätere Bearbeitungen des Stoffes zeugen aber von geradezu verblüffender Unkenntniss desselben. So sind ihm z. B. aus dem 15.--17. Jahrhundert nur Shakespeare, Antonio aus Asti und Valerand bekannt! — Die obigen biogr. Notizen stammen von Latour (Dédicace, S. VI/VII), der Ausgabenbericht vom Verleger Herluison.

Akt III. (Befreiung von Orléans.)
1. Talbotus, Suffortius: Schon 6 Monate hält uns diese Stadt allein auf. Auf, Soldaten! Soldaten: In den Kampf! Glacidas: Was bringt der Bote?
2. Ein Bote: Ich komme von der Pucelle. Verlasst Frankreich, so sollt ihr einen günstigen Frieden haben. Sonst wird sie euch verjagen und mit eurem Blut die Felder überschwemmen. Verachtet dies nicht, Gott sendet sie! Suffortius: Daran erkennt man Frankreichs Niedergang! Werft diesen in Fesseln, er soll verbrannt werden.
3. Der König: Gott, hilf! Rayus, sei ihr Waffenbruder. Reginaldus segnet sie. Joanna wünscht den Liliendegen von Tours.
4. Vor Orléans. Joanna: Mut! Soldaten: Auf!
5. Joanna: Ins feindliche Lager! Talbotus: Schmach! Sie fliehen. Soldaten: Sie speit Feuer, ihr Atem wirft nieder! Glacidas: Hört ihr den Freudenlärm in der Stadt? — Joanna: Orléans befreit!
6. Joanna: Orléans ist dein! Der König: Dank! Der Siegestag soll ewig ein Festtag sein.
Siegeshymne des französischen Soldatenchors. (— ‿ ‿ — · ‿ — — ‿ — ‿ —). Zwischen je 8 Versen der 8mal wiederkehrende Refrain:
Vivat Joanna Darcia,
Jam libera est Aurelia!

Akt IV. (Siegeszug und Krönung.)
1. Suffortius, rasend, will sich töten. Talbotus hält ihn davon ab.
2. Der König preist Joanna. Gesandte von Sens, Soissons, Beauvais versichern die Ergebenheit ihrer Städte.
3. Joanna berichtet neue Siege, bringt Talbotus gefangen. König: Er soll bis zum Loskauf ritterlich gehalten sein.
4. Joanna: Nach Rheims! Culsantus zuerst dagegen. König: Auf!
5. Gesandte von Troyes, Saint-Florentin. Reginaldus: Joanna hat Rheims erobert.
6. Krönung. Joannas Familie in den Adelstand erhoben.
Klagen des englischen Soldatenchors:
19 — — — — — — — — —
8 — — — — — — —
9 — — — — — — — — — —
1 — — — — —
7 — — — — — — — — — — .
11 — — — — — — — — — — — —
10 — — — — — — —
Die letzten 38 Verse enthalten allgemeine Betrachtungen.

Akt V. (Joannas Untergang.)
1. Der König nimmt die Herausforderung des Bethfortius nicht an. — Ein Bote meldet die Notlage von Compiègne. Joanna, die helfen will und vom König zur Vorsicht ermahnt wird: Wenn ich gefangen und verbrannt werden soll, so ist es des Schicksals Wille.
2. Vor Compiègne. Suffortius: Mein Arm soll trotz allem die Pucelle noch besiegen. Talbotus (wieder frei) will sich rächen. Seid tapfer!
3. Kampf. Joanna gefangen. Bewacht Sie gut! — Triumphlied der englischen Soldaten (— — ‿ — — ‿ —) Bethfortius kommt an.
4. Bethfortius' Jubelmonolog. Suffortius: Sie muss tausend Tode sterben; soll verbrannt werden. Talbotus: Die Kriegsgesetze erlauben nicht den Tod eines Gefangenen. Bethfortius: Zerreisst, erdrosselt sie. Talbotus: Unmöglich! Nur wenn nicht losgekauft, darf sie sterben, oder ewige Haft erleiden. Bethfortius ruft die Geistlichkeit herbei.
5. Bethfortius: Sie muss sterben. Suchen wir ihre Verbrechen! Es sind: Mannskleidung, Hexerei, Ketzertum, Erheuchelung der Jungfräulichkeit. Ich will das Urteil verkünden.
6. Gericht. 1. Richter: unschuldig; 2. R.: unklar, sie bleibe gefangen

3. R.: Bethfortius urteile selbst; 4. Richter wie 2. R. Suffortius: Verdamme sie. Talbotus wie 2. R. Bethfortius: Sie ist des Feuertodes schuldig.
7. Joanna: Der Neid richtet mich; aber ihr Engländer werdet doch verjagt werden. Christus, nimm mich anf! Ich verzeihe ihnen. Chor (‿ ‒ ‿ ‒ ‿ ‒ ‿ ‒ ): Klagen. Der Engländer wird fliehen müssen. Wir werden deine Asche sammeln. Wenn der Engländer sie in die Wellen streut, werden wir dir ein Blumengrab errichten und jährlich frische Blüten bringen. Ueberall werden dich Dichter besingen.

Schon aus dieser Inhaltsangabe lässt sich hoffentlich erkennen, dass das Vernulzsche Stück nicht ein weiteres Glied der Kette ist, die, wie oben gezeigt, von dem Myster, der Histoire tragique und der Jeanne d'Arques gebildet wird.

Der Historiker Vernulz hat weiter nichts gethan, als die Geschichte der Pucelle in dramatische Form gebracht mit einer Gewissenhaftigkeit, wie es dem ganzen Leben der Jungfrau zuvor noch nicht geschehen ist. Hierin ist sein Werk das gerade Gegenteil der Jeanne d'Arques.

Das Scenarium ist ganz modern-französisch: Beim Auftritt einer neuen Person lässt der Autor eine neue Scene beginnen; — in der ganzen Jeanne d'Arques zeigt nur der III. Akt einen solchen Einschnitt. Die Scenen selbst sind numeriert; — das kannte der Verfasser jener überhaupt nicht.

Wegen der historischen Treue war an Einheit von Ort und Zeit nicht zu denken. Sie ist — von dem handlungsarmen exponierenden Akt I abgesehen — nicht einmal innerhalb der einzelnen Akte gewahrt.

Der Stil zeigt Virgilischen Einfluss. Von dem Schwulst, dem Ueberreichtum an Bildern, welchen die Jeanne d'Arques aufweist, ist bei Vernulz wenig zu merken. Doch ist die Diction häufig sehr abstract, stark mit Sentenzen gemischt, zumal in den Chorpartien.

Eine seltsame Neuerung hat Vernulz in der Person des Senex eingeführt.

Dieser Greis, auf französischer Partei stehend, tritt in jeder Scene auf, II 4. IV 6 und den Schluss von I, III, IV, V ausgenommen. Er greift nie in die Handlung ein, bewegt sich nur in allgemeinen Sentenzen; er ist ein halb überirdisches Wesen, insofern er bisweilen Ausblicke in die Zukunft gewährt. Die Reden der handelnden Personen nehmen auf ihn keinen Bezug, sie ignorieren ihn völlig, so dass, wenn er und noch eine andere Person allein auf der Scene sind, die Rede dieser letzteren ganz einem Monologe gleicht.

Dieser Senex scheint sich nebenher aus dem antiken Chor entwickelt zu haben.[a]

---

[a] Puymaigre, S. 28.

In der Charakterisierungskunst hat Vernulz seinen Vorgängern gegenüber schon bedeutende Fortschritte gemacht. Seine Auffassung der Pucelle gleicht mehr der in der Histoire tragique als derjenigen Valerands und der Jeanne d'Arques. Sie ist zwar das Heldenmädchen, doch kann sich die schüchterne Hirtin zu Anfang noch nicht in ihre kriegerische Rolle finden. Bei der ungeheuerlichen Schilderung in III 5 ist zu beachten, dass sie von den vor Furcht und Schrecken halb unzurechnungsfähigen, übertreibenden englischen Soldaten entworfen wird. Von allen bisherigen legt allein unser Dichter der Jungfrau bei ihrem Ende versöhnliche Worte gegen ihre Richter in den Mund.

Um den Dialog zu beleben, lässt Vernulz zum ersten Male die Grossen nicht immer der Meinung ihres Königs sein: Borbonius hält (II, 2) entgegen den anderen die Vorlassung der Hirtin für unpassend. Er sowohl wie Reginaldus und Culsantus meinen (IV, 4), der gefährliche Zug nach Rheims sei überflüssig; indessen lassen sie sich bald von Joanna überreden.

Vernulz ist auch der erste, welcher die Charaktere der englischen Führer zu differenzieren anstrebt.

Bethfortius und Suffortius sind die Todfeinde der Jungfrau. Sie arbeiten auf ihren Untergang mit allen Mitteln hin; selbst auf Kosten der Gerechtigkeit sucht ersterer seinen Willen in der Vorberatung durchzusetzen (V, 4). Als ihm das misslingt, stempelt er sie mit Scheingründen zur vierfachen Verbrecherin (V, 5) und verurteilt sie dann trotz des Spruches der 4 Richter (V, 6).

Seiner Meinung ist auch Suffortius (V, 4, 6). Dessen grausame, überschäumende Natur thut sich ferner kund in dem Hinrichtungsbefehl, den er über den Boten der Jungfrau verhängt (III, 2) und in dem Selbstmordversuch (V, 1).

Ein viel sanfteres, humaneres Naturell wohnt Talbotus inne. Er hält Suffortius vom unbedachten Selbstmord zurück (IV, 1), macht jenen beiden gegenüber energisch das Kriegsrecht, welches den Tod eines Gefangenen verbiete, geltend (V, 4) und spricht vor Gericht gegen die Hinrichtung, für die Haft, bis die Wahrheit an den Tag komme (V, 6). Bei all dem ist zu bedenken, dass er am meisten Ursache hätte, Joanna übel zu wollen, da sie ihn ja gefangen genommen hatte. (V, 3).

## Quellen.

Vernulz selber hat die Auffindung seiner Vorlagen wesentlich erleichtert, indem er die wichtigste in dem Argumentum am Schluss nennt. Ex variis incorruptae fidei authoribus qui de ejus fortitudine innocentiâque scripserunt et quos fere omnes in suâ de hâc Puellâ historiâ complexus est Joannes Hordal, I—V, doctor ac Professor ducisque Lotharingiae consiliarius.

Der Titel dieses jetzt sehr seltenen Werkes[4]) lautet: Heroinae nobilissimae Joanne Darc Lotharingae vulgo Aurelianensis puellae historia ex variis gravissimae atque incorruptissimae fidei scriptoribus excerpta, eiusdem Mavortiae virginis innocentia à calumnijs vindicata. Authore Joanne Hordal &c. Ponti-Mussi, 1612.

Der Inhalt des Buches — von den 15 (!) Widmungsgedichten am Anfang und den 2 am Schluss abgesehen — ist kurz folgender: er zerfällt, wie der Titel schon besagt, in 2 Hauptteile: Die Geschichte, nach verschiedenen Autoren berichtet, (S. 8—157)[5]) und die Verteidigung der religiösen und jungfräulichen Ehre Johannas (S. 157—251).

Der 1. Teil schildert Johannas Leben und Thaten bis zu ihrer Erhebung in den Adelstand zu Rheims. Es folgt dann der Adelsbrief selber, Lobpreisungen, Vergleiche mit berühmten Frauen. Schliesslich wird ihr Ende kurz berichtet.

Der ganze Rest des 1. Teils (S. 36—157) wird dann den testes gewidmet, d. h. denjenigen Hordal bekannten Autoren, welche über Johanna geschrieben haben. Ihre grosse Zahl zeugt von einer gewaltigen Belesenheit Hordals. Sie werden meist in Auszügen, nur zum kleineren Teil völlig citiert; manche sind von erklecklichem Umfange, andere wieder haben nur wenige bedeutungslose Zeilen über die Jungfrau:

1. Theologen:
Aneas Sylvius (Papst Pius II.); Erzbischof Antonius von Florenz (Dominicaner); Bischof Paulus Jovius von Newcome, descriptio Britanniae; Bischof Arnaldus Pontacus, chronographia; Philipp de Bergamo; Sibylla Francica; Joh. Nider; Nauclerus Tubingensis, chronographia; Henricus de Gorckein; Jakob Meyerus, annales Flandriae; Rob. Gaguynus, historia Caroli VII.;[6]) Joannes Laziardus Caelestinus, historia universalis; Gilb. Genebrardus, chronographia; Hub. Morus, de sacris unctionibus; Joannes Mariann, de rebus Hispaniae.

---

[4]) Berlin, Göttingen und Strassburg besitzen je ein Exemplar. — Quicherat citiert es V, 449.
[5]) S. 1—8 enthält eine biblische Einleitung.
[6]) Die ausführlichste und treueste aller bei Hordal vereinigten Chroniken. — Ausser dieser (s. Nr. III) und den bald zu nennenden Pontus Heuterus (s. Nr. V) und Monstrelet (s. Nr. IV) ist für ein anderes Werk als das Vernulzsche keine dieser Chroniken als Quelle auch nur wahrscheinlich zu machen.

2. Juristen:
Guido Papaeus (Grenoble); Boerius; Guillelmus (Toulouse); Andreas Tiraquellus (Paris); Vinc. Sigault; Steph. Forcatulus (Toulouse).

3. Mediciner:
Symphorianus Champerius; Nic. Vignerius.

4. Historiker:
Paulus Aemilius (Verona); Baptista Fulgosius; Laonicus Chalcondylas (Athen); Coccius Sabellicus; Bonfinius; Constantin Phrigio; Pantaleon; Pontus Heuterus; Lilius (England); Polydor Vergil (England); Boëthius Deidonanus (Schottland); 2 Brüder Joannes Tillius; Franciscus de Rosiers (Toul); Petrus Opmeerus; Sab. Veronius; Aubertus Miraeus (Brüssel); J. Funccins (Nürnberg); Braun et Hogenburgius; J. Aventius.

5. Dichter:
Hubertus Momoretana in lib. VI. seiner „Bella Britannica" (vgl. Einleitung B); Valerand; Maigret (vgl. Einleitung); 2 Distichen des Juristen Steph. Paschasius (vgl. das.)

Ausserdem nennt Hordal noch die Titel von 50 anderen Autoren (z. B. Belleforest, du Haillan, G. Chastelain, Monstrelet, G. du Bellay) „si quis testimonia requirat, consulat" und er schliesst Teil 1 mit den Worten: Plures alios ... ego non ingrato silentio sed necessaria brevitate hic praetereo.

Im Verlauf seines Berichtes citiert er noch manche historische, juristische Werke, Wappenbücher, Kirchenväter etc. etc.

Der 2. Teil, die Apologie, hat von Vernulz kaum benutzt werden können, ausser den 4 Anklagepunkten Bedfords. (S. 158).

Schliesslich finden sich noch einige Anhänge in Hordals Buch: De Sibylla Francica rotuli duo (vgl. Quicherat III, V), Gersons Apologia pro Puella und Veritas ad Justificationen Puellae, Dialogi duo des Bischofs Petrus v. Cambrai de querelis Franciae et Angliae.

Das Opus dieses Joannes Hordal ist also, so besagt die Vernulzsche Bemerkung, die Hauptquelle für die Joanna Darcia gewesen. Teils hat der Dichter die eigene Darstellung des Chronisten, teils die von diesem excerpierten oder citierten [7]) Autoren benutzt.[8])

Welches Quellenmaterial hat Vernulz ausserdem noch vorgelegen?

Die uns schon bekannten und die in Quicherats Sammelwerk enthaltenen Chroniken aus dem Jahrhundert der Pucelle und später erzählen nichts, was nicht auch bei Hordal stünde und müssen daher vor diesem in den Hintergrund treten.

Von den bisher behandelten Texten aber kommen nur zwei in Frage:

Hordal hat Valerand gekannt (S. 147). Er citiert auch 27 Verse von ihm. Möglich ist es also, dass auch Vernulz, dadurch aufmerksam geworden, von diesem Dichter Kenntniss genommen hat. Doch weisen beide Autoren, ausser in ihrem Virgilischen Latein, keinerlei Berührungspunkte auf.

---
[7]) Auf diese deutet wohl auch das „fere" der Bemerkung.
[8]) Auch für das Personal: Joannes Aurelius vgl. Hordal S. 19, 74, 75, 83

Hat Vernulz Valerand gekannt, so konnte er durch ihn auch indirekte Kunde von den Processen erhalten, die er, nach seiner Darstelluug zu schliessen, sicher nie selbst in Händen gehabt hat.

Dagegen finden sich mancherlei Anklänge des Vernulzschen Stückes an die Jeanne d'Arques, — trotz der oben gezeigten tiefgreifenden Verschiedenheiten in Stil und stofflicher Fülle.

Die 3 ersten Akte beider Werke haben im ganzen denselben Bau: I: Exposition; der König klagt über das Unglück seines Landes. II: Ankunft der Pucelle. III: Befreiung von Orléans. Beide enden mit einem Mädchenchor (Vernulz ausserdem in I, II). Und dieser Chor will beidemal Johannas Andenken durch ein Blumengrab ehren, Dichter werden sie verewigen. Hier wie dort hat ferner der Chor die Aufgabe, die Zeit auszufüllen, während der Johanna hinter der Scene hingerichtet wird. Das Selbstmordmotiv, welches dort in Talbot sich zeigt, wiederholt sich hier unter ganz ähnlichen Verhältnissen (beidemal in IV) bei Suffortius. Die Rolle, welche dabei dort Allide spielt, hat hier Talbotus. Der Wächter, welcher die Pucelle zum Todesgang antreibt, führt beidemal den Namen Lucidas.

Diese Uebereinstimmungen scheinen mir zu genügen, um eine Bekanntschaft Vernulzens mit der Jeanne d'Arques vorauszusetzen zu dürfen, zwar nicht so, als ob er sie als Quelle gründlich ausgebeutet hätte, — dem widersprechen die oben konstatierten Verschiedenheiten —, aber doch so, dass er während seiner Arbeit noch Reminiscenzen an sie bewahrt hatte.

Ein Einfluss der übrigen Texte ist nicht zu erkennen.

In folgenden Hauptpunkten ist Vernulz von seinen Vorlagen abgewichen:

Die Charakterisierungen des Borbonius, Suffortius und Talbotus (s. o.) sind sein eigenes Werk, ebenso wie die Gerichtsscene zu Rouen nebst der Vorberatung.

Fortgelassen hat er: Die Baudricourt-Scenen, die Enthüllung des Königsgeheimnisses durch Johanna, den Namen des Boten St. Michael, das Hereinschaffen der Zufuhr nach Orléans, die Details der Kämpfe vor Orléans, z. B. den Tod Glasdales, und die des Siegeszuges nach Rheims.

Mündliche Quellen hat Vernulz, entgegen dem Dichter der Jeanne d'Arques, bei der Gewissenhaftigkeit, mit der er die Geschichte behandelte, wohl kaum benutzt. —

Demnach haben Vernulz vorgelegen: Hordal und die Tragédie de Jeanne d'Arques.

Von Aufführungen wissen wir nichts Bestimmtes; auch das Werk gestattet uns keine Schlüsse auf solche.

## Schluss.

### Uebersicht über die späteren poetischen Bearbeitungen des Pucelle-Stoffes.

Die späteren Jeanne-Dichtungen (von den modernsten der Literaturgeschichte nicht oder noch nicht angehörigen Werken abgesehen) unterscheiden sich von den behandelten dadurch, dass sie entweder politische oder literarische Tendenzwerke sind oder doch solchen Werken ihre Entstehung verdanken.

1) Jeanne d'Arc, tragédie en prose, selon la vérité de l'histoire et les rigueurs du théâtre(!), bei François Targa, Paris 1642.

Der Verfasser enthüllte sich in dem Abbé François Hédélin d'Aubignac (1592—1645), dem Vertrauten Richelieus. Sie ist unter den Jeanne d'Arc-Stücken die letzte nach klassischem Muster abgefasste Tragödie. Sie ist die einzige, welche die örtliche und zeitliche Einheit wahrt. Weniger genau erfüllt der Dichter sein Versprechen betreffs der „vérité de l'histoire", denn er stellt sein Werk in den Dienst der anti-englischen Politik Richelieus und führt eine neue Verwicklung ein, indem er Jeanne in ein Liebesverhältniss zum Grafen Warwick treten lässt.[1]

Dasselbe Jahr brachte noch eine Umarbeitung des Stückes in Alexandrinern: La Pucelle d'Orléans; bei A. de Sommaville et Augustin Courbé, 1642; im Théâtre du Marais gespielt.

Die Person des Umdichters ist unsicher. Es finden sich die Namen von Colletet (1596—1659), Benserade (1612—1691) und La Mesnardière († 1663).[2]

2) Unrühmlichst bekannt ist das Poème héroique „Jeanne Darc ou la France délivrée" des Jean Chapelain (1595—1674), der gleichfalls in Richelieus Diensten stand.

---

[1] Puymaigre, S. 34 ff. Myster-Ausgabe, S. 800. Biographisches über Aubignac s. bei Tallemant des Réaux, Parfait VI, 305, Barbier, Dict. Mahrenholtz, a. a. O., S. 142.

[2] Vgl. Puymaigre, S. 37 f. Parfait IV, 395. Myster-Ausgabe, S. 798. Livret, précieux et précieuses, P. 1860. Puymaigres Brief im „Bulletin du Bouquiniste", vom 15. März 1858.

1625 entwarf Chapelain den Plan, 1630 begann er die Dichtung, 1656 erschien die erste Hälfte, 12 Gesänge, im Druck. Zwar erlebte sie in 1½ Jahren 6 Auflagen; da aber Richelieu lange vorher gestorben war, erhob sich die Kritik ungehindert und brachte das Werk erbarmungslos zu Fall (Boileau!) So ist die 2. Hälfte, ebenfalls 12 Gesänge, erst 1882 von dem Abbé René Kerviler publiziert. Einen Neudruck des ersten Teils hat Emile de Molènes in 2 Bänden veranstaltet.[3])

Chapelain leistet Unglaubliches in Entstellung der Geschichte durch Anachronismen, Neu-Erfindungen, Einführung der Geisterwelt etc.

Sämtliche auftretenden Personen sind, so lehrt uns seine Vorrede, Personificationen von abstracten Begriffen. Trifft all dies schon für den 1. Teil zu (z. B. ein Dämon verrät Jeanne vor Paris, Agnes Sorelle wird eingeführt, Karl verstösst Jeanne in die Waldeinsamkeit von Compiègne), so waltet sein Phantasie schrankenlos, um den langen 2. Teil auszufüllen. Bedford steht hier im Mittelpunkt des Interesses; er giebt sich für Jeannes Bruder aus. Gott nimmt Jeanne als Sühne für des Königs Sünden hin (!) Der Tod Jeannes, die Einnahme von Paris und Karls Versöhnung mit Burgund sind das einzig Historische.

Chapelain kannte vielleicht Valerand (vgl. Praronds Ausgabe, S. XIV). Beide fassen die Pucelle als egregia bellatrix auf.[4])

3) Ein 1721 erschienenes spanisches Drama von Antonio de Zamora erfreute sich noch 1763 einer Aufführung. Der Dichter schaltete sehr frei mit seinem Stoff; das Ende der Jungfrau ähnelt dem bei Schiller.

Es ist nicht ausgeschlossen, dass Antonio das Stück von Lope de Vega (vgl. Einleitung B) zu dem seinigen verarbeitet hat. Vielleicht hat er auch die Chronik „La Historia de la Ponzella Dorleans" etc., Burgos 1562, benutzt.[5])

4) Voltaires „Pucelle", bekanntlich eine Parodie auf Chapelains überschwenglich begeistertes Epos, ward in der Zeit von 1740—1762 geschrieben. (1755/6 2 Raub-Ausgaben.) Ausser Chapelain lagen Voltaire noch vor:

---

[3]) Literaturbl. 1891, Nr. 12.
[4]) Vgl. Lotheissen, Lit.-Gesch. I, 244; III, 85. Mahrenholz, S. 141 ff.
[5]) Vgl. Quicherat V, 374. — Puymaigre, S. 39 ff. Latour in „Rev. britannique" v. 10. Oct. 1875. — Aus der Chronik des Don Alvaro de Luna (Cap. 46 „la Poncela de Francia") kann das Stück — entgegen dem, was Puymaigre S. 40 zu glauben scheint — nicht geschöpft sein, da jene erst 1784 gedruckt ist. (Quicherat V, 329 ff.) — — Puymaigre in „Revue des questions historiques" April 1881.

Die Chroniken von Monstrelet und Philipp de Bergamo und der Process in der Fassung Pasquiers, auch teilweise die panegyrische Geschichte der Pucelle von Lenglet Dufresnoy (1753 begonnen.)[6]

5) Robert Southeys (1774—1843) Epic Poem „Joanof Arc", 1793, 1798, 1805, 1811/12, 1837. Auch Southey schrieb tendenziös, nämlich wiederum in hasserfülltem Gegensatz zu Voltaire.

Southey nennt selber seine Quellen, d. h. unter andern: Holinshed, Halls Chronik (1548), Barnes, history of Edward III. (1608), Hume, hist. of England (1754—62); Monstrelet in Johnes' Uebersetzung, Jean de Serres, inventaire de l'histoire de France (1597) in Edw. Grimestons Uebertragung; Le Brun de Charmettes, chronique (ohne Titel, 1817); Geschichte der Belagerung „prise de mot à mot .... d'un vieil exemplaire" Troyes 1621 (d. h. das Journal du Siège, s. o. und Quicherat IV, 94).[7]

6) Schillers „Jungfrau von Orléans" 1802, nach l'Averdys Geschichte (Mahrenholtz, S. 158), entstand bekanntlich gleichfalls im Gegensatz zu Voltaire.

Die zahllosen unbedeutenden Bearbeitungen seit dem Ende des vorigen Jahrhunderts anzuführen, wäre zwecklos.

Vor Schiller sind in Frankreich und England ca. 5 Tragödien, Melodramen, Pantomimen aufgeführt worden.[8]

Schiller selbst ist bisher gegen 16mal ins Französische und auch ins Spanische übersetzt oder nachgeahmt worden.[9]

Weit über 40 Franzosen haben sich in Neubearbeitungen versucht.[10] Einem Dutzend Operntexten liegt der Stoff zu Grunde, — und 3 Parodien sind bis jetzt zu zählen.[11]

---

[6]) Würdigung und Analyse s. bei Mahrenholz, a. a. O. S. 151 ff. — Mahrenholtz, Voltaire-Studien, S. 103. D. F. Strauss, Voltaire, S. 98. Mahrenholz in Zs. f. frz. S. u L. XIV, 116. — Voltaire in „essai sur les moeurs et l'esprit des nations." Damilaville (-Voltaire), éclaircissements historiques 1763.

[7]) Mahrenholtz, S. 157. — Mitschke (Engl. Stud. XVII, 73--91) citiert nach Southey die obigen Quellen, jedoch wie er selbst gesteht, bei weitem nicht vollständig. Wie er dazu kommt, den 1419 gestorbenen Froissart neben Monstrelet als Quelle für eine Bearbeitung des Jeanne-Stoffes anzuführen, verstehe ich nicht. — Mitschkes Angaben über die früheren Bearbeitungen des Stoffes sind völlig wertlos, weil unvollständig und unrichtig. Die Engl. Stud. XVIII, 23—43 bringen als Fortsetzung und Schluss von M.'s Arbeit nur eine ästhetische Würdigung Southeys.

[8]) Puymaigre, S. 45, 58, 59. Myster-Ausgabe, S, 802, 803. Tivier, ét. sur le mystère S. 172.

[9]) Puymaigre, S. 46 ff., 56, 78, 82. Herrigs Archiv XXX, 1861, S. 93.

[10]) Puymaigre, S. 48, 54 f., 64, 79, 80 ff., 84 f., 90—115. Myster-Ausgabe, S. 804 f Mahrenholtz, S. 168.

[11]) Puymaigre, S. 58 ff. Myster-Ausgabe, S. 805.

## Lebenslauf von Karl Hanebuth.

Ich bin am 31. Dezember 1870 zu Hannover geboren als Sohn des Buchhalters Fritz Hanebuth und seiner Ehefrau Luise geb. Buttenbaum. Wie meine Eltern bin ich evangelischer Konfession. Meine Schulbildung erhielt ich seit Ostern 1877 auf dem Leibniz-Realgymnasium zu Hannover, das ich Ostern 1889 mit dem Zeugniss der Reife verliess, um mich dem Studium der neueren Philologie zu widmen und zwar bis Michaelis 1890 in Göttingen, bis Ostern 1891 in München, von da ab in Marburg. Das Examen rigorosum bestand ich am 13. März 1893.

Ich hörte die Vorlesungen und Uebungen folgender Herren Professoren und Dozenten:

In Göttingen: Andresen, Baumann, Brandl, Cloetta, Ebray, M. Heyne, Holthausen, Miller, G. E. Müller, Roethe, Vollmöller, Weiland.

In München: Breymann, Carriere, Koeppel, Muncker, B. Riehl.

In Marburg: Bergmann, Cohen, Harlock, Klincksieck, Köster, Natorp, v. d. Ropp, Edw. Schröder, Stansfield, Stengel, Victor, Wrede.

Ihnen allen schulde ich wegen Förderung meiner Studien Dank; besonders bin ich Herrn Prof. Dr. Stengel verpflichtet, weil er mir zu vorstehender Arbeit die Anregung gab und mich während derselben mit seinem Rat aufs bereitwilligste unterstützte.